可可·香奈儿

幸运的 5 号

LIVING WITH COCO CHANEL

香奈儿［塞西尔·比顿（Cecil Beaton）的作品］，刊登于1935年的《时尚》（*Vogue*）杂志

焦点艺术丛书

可可·香奈儿

幸运的 5 号

LIVING WITH COCO CHANEL

【英】卡罗琳·杨　著／校逸　译

GUANGXI NORMAL UNIVERSITY PRESS
广西师范大学出版社
桂林

香奈儿，摄于1961年

目录后跨页图：巴黎全景，自1910年起香奈儿就定居巴黎

目录

香奈儿23岁时的照片，摄于1906年

第一章：来自乡村的女孩

我爱看似遥不可及的一切，如高远的天空和月亮。

我笃信星相，正如法国占星家诺查丹玛斯一样，我也在狮子座降生。

地点： 索米尔镇、奥巴辛、穆朗城、皇家地庄园
时间： 1883 ~ 1908 年

嘉柏丽尔·香奈儿（后又被称为可可·香奈儿）很少谈论自己的童年生活。事实上，她只是很隐晦地提及曾经遭受的贫穷和遗弃，早期生活的回忆也只剩下奥弗涅修道院的回廊及风中摇曳的栗子树。

香奈儿是狮子座，出生于 1883 年 8 月 19 日。作为一名信奉星座的人，香奈儿的生活中充满着狮子元素，它们出现在她位于巴黎康朋街的公寓里、她的作品中，甚至也出现在她位于洛桑的墓碑上。香奈儿说："我爱看似遥不可及的一切，如高远的天空和月亮。我笃信星相，正如法国占星家诺查丹玛斯一样，我也在狮子座降生。我宁可追求虚无缥缈的东西，也不愿一辈子碌碌无为。"[1]

众所周知，香奈儿出身贫寒，但其实她掩盖了很多让她觉得难堪的经历。她向传记作者提供的是一个经过美化的故事，其中只是轻描淡写地讲述了自己童年遭受的部分不幸。香奈儿的父亲名为艾伯特（Albert），其祖辈可以追溯至法国塞文山地区。该地区因石灰岩地质而闻名，山峦起伏、沟壑纵横，畜牧业以牧羊为主，种植业以栗子和桑葚为主，18 世纪兴起的养蚕业和纺织业依然盛行。艾伯特的父亲亨利-阿德里安（Henri-Adrien）出生于蓬泰尔和布雷西

香奈儿祖居，建于1740年，坐落于法国塞文山地区的蓬泰尔和布雷西小镇

小镇。小镇建筑均为有斜屋顶的石板房，建在郁郁葱葱的山坡上。1740 年，玛斯·香奈儿农舍建成，一代代香奈儿都在这里被养育成人。[2] 19 世纪初，香奈儿家族在农舍的一隅开办了一家小酒馆。亨利-阿德里安是一名商人，与妻子艾米莉·维吉尼·安吉丽娜（Émilie Virginie Angélina）共育有 19 个孩子。作为长子，艾伯特继承父亲的衣钵成了一名杂货小贩，在法国乡间售卖各类货物，从葡萄酒到服饰，应有尽有。

　　风流倜傥的艾伯特在乡村很受欢迎，他也非常享受与姑娘们保持暧昧的关系。1881 年，在库尔皮耶尔过冬时，艾伯特勾引了房东的妹妹——年仅 16 岁的女裁缝珍妮·德弗勒（Jeanne Devolle）。但当珍妮发现自己怀孕时，艾伯特却很快消失得无影无踪。后来，珍妮的家人在欧布纳的一家小酒馆找到艾伯特并要求他对珍妮负责，而此时的珍妮已经在 1882 年 9 月生下了两人的女儿，朱莉-贝尔特（Julie-Berthe）。

在卢瓦尔河谷的索米尔镇，为了迎合军事骑兵学校聪明能干的官兵，镇民们都穿着皮革马靴和高领外套。1883 年，嘉柏丽尔·香奈儿在索米尔镇出生，此后一年，父母带着她住在圣洁街 29 号。出生于马术小镇且是狮子座的香奈儿认为狮子和马都是她的守护神。[3]

"我是在旅途中出生的，"香奈儿告诉记者，"当时我的父亲不知所终。我的母亲，那个可怜的女人不得不四处寻找他的踪迹。这是个悲伤且无趣的故事，我已经听过无数遍了……"[4] 香奈儿出生于一个由修女运营的济贫院里，因体弱多病而早早受洗。据香奈儿回忆，她的名字嘉柏丽尔·博纳尔（Gabrielle Bonheur）是修女取的，此外，由于户籍登记员不会拼写她的姓氏"Chanel"，她出生证明上的姓氏被误写为"Chasnel"。

1884 年 11 月，在珍妮的家人陪嫁了一堆嫁妆后，艾伯特终于同意与珍妮结婚。婚后，艾伯特和珍妮搬到伊索尔集镇，并于 1885 年生下儿子阿方斯。1887 年在桑特，珍妮生下第三个女儿安托尼特（Antoinette）。1889 年在盖雷，两人的第五个孩子卢西恩出生。

从一个镇搬到另一个镇，香奈儿和兄弟姐妹在熙攘的市井中，在工匠棚户区的廉价出租屋内长大。当时，艾伯特贩卖的主要是工业化前的货物，如皮革、蜡烛、细木工制品、衣物等。后来，他开始专营由廉价且柔软的针织布制成的工作服及贴身衣物。[5]

香奈儿小时候经常会在墓地中玩耍，在杂草中创造出一个童话世界并给逝者带去慰藉。每当香奈儿做噩梦时，父亲都会安慰她并在她的床边放上小麦作为护身符。受此影响，成年后的香奈儿也会在家中放些小麦，以此象征财富和好运。[6]

在香奈儿的儿时记忆中，还有一间贴满红色壁纸的房间。那是有一次，香奈儿的妈妈带着三个女儿去拜访一位住在伊索尔的伯父时，将她们留在那间屋子里。因为太无聊，淘气的女孩们开始从墙上撕纸条玩。香奈儿回忆道："我们在桌上堆了好些椅子，并且成功地撕下天花板上的壁纸，那简直太有趣了！后来，当我母亲进来时，看着眼前的灾难，她惊呆了。母亲没有跟我们说一个字，只是在极度失望后默默地抽泣着，这样反而让我觉得很难受，于是我号啕大哭着跑开了，后来我们再也没有见过这位住在伊索尔的伯父。"[7]

在连续多次的怀孕生子后，珍妮的健康状况变得非常糟糕。由于常年居住在简陋且寒冷的环境中，珍妮患上了严重的哮喘和肺结核，她的白手帕上经常染着血迹。为防止将疾病传染给孩子们，珍妮被隔离了。1895年2月，珍妮在法国布里夫拉盖亚尔德的家中不幸逝世。珍妮去世时，艾伯特并没有陪伴在她的身边，他没有能力也不愿意承担照顾和抚养孩子们的责任。所以，男孩们被作为免费的劳动力交给农民抚养，女孩们则被送到附近奥巴辛修道院的孤儿院里。据说艾伯特用马车把女孩们送去孤儿院，也有传闻艾伯特把她们丢给父母，然后再由艾伯特的父母把她们送去了孤儿院。[8]

香奈儿被遗弃时其实已经12岁了，但她坚称自己是在6岁时被两位穿着黑色衣裙的姨妈收养的，她们"都是好人，但一点也不温柔"。[9]现在我们都知道她口中的姨妈其实是修道院的修女。香奈儿之所以编造这些故事，很可能是担心别人说自己是"私生女"。为了掩盖她曾在孤儿院生活的事实，她甚至拒绝修改出生证明上"Chasnel"这个错误的姓氏拼写。

根据香奈儿的回忆，在一个黄昏时，父亲带着她来到位于蒙特多尔的姨妈家，此时她的父亲还沉浸在妻子离世的悲痛中。"当我们到达那里时，姨妈们心不在焉地接待了我们，她们将灯点亮以便看清楚我的脸。那时，姨妈们已经吃过晚餐，但我们还没有。她们

香奈儿12～18岁的家：科雷兹省奥巴辛修道院的孤儿院

　　非常惊讶像我们这样舟车劳顿一整天的人居然还饿着肚子。尽管我们扰乱了她们的日常作息安排，但最终她们还是很不情愿地说：'给你们煮两个鸡蛋吃吧。'"[10]

　　奥巴辛坐落在一条长长的山脊上，被郁郁葱葱的树林和山丘环绕。这片区域远离交通干道，可以俯瞰克罗斯山脉的山涧溪流，到处都是有灰色板岩屋顶的厚壁房屋。这里偏僻幽静，完全不同于熙攘的集镇，吸引了那些中世纪的开拓者在此扎根落户。

　　奥巴辛修道院由隐士埃蒂安·德·维尔佐特（Étienne de Vielzot）主持建造，他信奉通过简洁的生活方式来侍奉上帝。根据圣本笃和熙笃会的会规，教会为埃蒂安的门徒们建造了一所修道院。这座罗

修道院的回廊和薰衣草花圃影响了香奈儿在蔚蓝海岸别墅的设计

马式的修道院是献给圣母玛利亚的，是朝圣者前往西班牙西北部圣地亚哥·德·孔波斯特拉的中途休憩地。熙笃会清规森严，教会鼓励信徒艰苦劳作、远离尘世，每座修道院都独立运营和管理。奥巴辛修道院于19世纪中期被捐赠给玛丽圣心会，1860年，修道院中专门接收女孩的孤儿院开始对外开放，并成为该地区最大的孤儿院。[11]

香奈儿双C标志的设计可能受到了奥巴辛修道院窗户的启发

修道院的主体建筑由拱形通道和拱门相连，中间的方形回廊中有喷泉和薰衣草花圃。走廊中，用石灰水粉刷成的白色墙壁，与黑色房门形成鲜明对比，而那些门的背后是一个个又大又冷的房间。

奥巴辛的冬天阴冷潮湿，女孩们在孤儿院的生活非常凄苦。集体宿舍没有暖气，她们就睡在冰冷的铁床上，床头挂着耶稣受难像。从房间的窗户看出去，可以越过成片的栗子树，看到远处的森林和山丘。餐厅成排的桌子上放着像水一样的稀粥，这是她们的早餐。女孩们每周要学习六天，晚上还要练习家务，如缝纫床单等，这些技能对她们今后的"奴仆"生活至关重要。每周日早上是弥撒时间，下午女孩们则会一起登山，爬上克罗斯山的顶峰。[12]

当香奈儿谈及姨妈家的整洁度时，她一定是指孤儿院。"如果我对有序、舒适、整洁，对柜子中装满好闻的亚麻制品，对干净到发光的地面有特殊喜好的话，我想这都归功于我的姨妈们。跟她们在一起生活，让我拥有了只有法国人才有的特殊品质。"在香奈儿的记忆中，每年春天，姨妈们都会将柜子清空，把所有的亚麻制品拿出来清洗熨烫后重新叠好并归类放置。"现在的床单上都是氯的味道。在丽兹酒店，员工每天都会给我更换新的床单，所以每天晚上我都是在充满氯气的味道中入睡的。乡村生活是多么的奢侈啊。"[13]

透过奥巴辛修道院，我们得以一窥香奈儿的创意灵感。修道院的记忆激发香奈儿创造出很多标志性作品，包括黑色、白色及米色的配色方案。白色代表旧柜子中干净的床单，米色代表自然中的砂岩和树木。修女们穿着黑白相间的衣服穿梭在白色的走廊中，女孩们则穿着黑色短裙和白色衬衣制服。几百年前，修士在通往房间的长走廊上雕刻了一幅描绘月亮、星辰和十字架的石头镶嵌画，这些元素也体现在了香奈儿的珠宝系列中：1932 年，香奈儿在首个钻石系列中用昂贵的珠宝来表现星座图案；1937 年，她第一次在白色珐琅手镯上用宝石镶嵌出马耳他十字架的图案。

女孩们每天从宿舍去修道院做祈祷都要经过一段石阶。几百年来，石阶在来来往往的人们的脚下逐渐磨损。石阶的下方摆放着一个 12 世纪礼拜仪式上使用的橡树橱柜，该橱柜与教堂的建筑风格类似，也被认为是法国目前最古老的橱柜。[14]

光线穿过有浮雕式灰色装饰画的拱窗照进教堂，窗户上的铅条及灰色玻璃相互交织，组成凯尔特结等抽象的几何形状。这种灰色玻璃是熙笃会教堂唯一允许使用的玻璃，因为彩色玻璃被认为过于

右图：香奈儿单色简约风格的创作
灵感源自修女的衣着和奥巴辛修道
院的制服。黑色套装搭配奶油色衬
衣，约制作于1927年，现收藏于纽
约大都会艺术博物馆

第10～11页跨页图：被群山和栗子
树环绕的奥巴辛小镇，因其地处偏
远、与世隔绝而被信奉熙笃会的创
始人选中并建造修道院

华丽，有悖于熙笃会苦行的教义。[15] 住在修道院时，年轻的香奈儿
一定会经常盯着这些玻璃雕窗看。现在，奥巴辛修道院里设有一个
指示牌，演示了雕窗上相互交错的曲线是如何形成与著名的香奈儿
双 C 标志类似的图案的。香奈儿在设计标志时是否曾想起窗户上的
图案呢？可能那些年在修道院中做祷告时，光透过这些雕窗洒在室
内的景象已经深深地印在了香奈儿的脑海里。

　　香奈儿记忆中的童年趣事都发生在冬天，在她的叙述中，就连
暖烘烘的壁炉、光秃秃的栗子树和白雪覆盖的山丘都变得浪漫起来。
"同现在相比，以前的冬天真的非常可怕。但我喜欢冬天，那时我
常待在厨房里，负责添加柴火。在乡村，厨房至关重要，就像是一

1900年前后的穆朗城，背景是香奈儿当时曾居住的圣母大教堂

栋房子的灵魂。当人们瑟瑟发抖地逃进屋里时，我会往他们的口袋里塞栗子，当他们离开时，我会塞给他们更多的栗子。通常，火堆上方吊着的大铸铁锅内会炖着用来喂猪的土豆。"[16]

　　年轻的香奈儿对周遭的一切充满愤恨，她意识到生活的不公，也怨恨修女们没有给她足够的爱。可以说香奈儿把一切都归咎于"姨妈们"，因为她没有得到足够的宠爱，但正是这种缺爱的成长环境才造就了她强大的内心。"是这些刻薄且讨厌的姨妈们培养出了赢家，她们让孩子们产生自卑感，而我是个特例，她们让我产生了优越感。这种优越感深藏在这种令人窒息的环境下，深藏在对成功和对优渥生活的渴望下。"

　　当然，香奈儿并不是完全没有家人陪伴，她会同祖父母一起过节假日，还和她最年轻的姑妈艾德丽安（Adrienne）建立了一段深厚的友谊。艾德丽安是香奈儿祖父阿德里安的第十九个孩子，只比香奈儿年长几岁。对香奈儿来说，艾德丽安更像是一个姐姐。

法国作家保罗·德库赛（Paul Decourcelle）笔下的浪漫故事点燃了香奈儿的丰富想象力。"在我的想象中，故事里只有丝绸枕头和白漆家具。我想要把所有的家具都漆成白色。"在拜访祖父母时，香奈儿会把这些刊登在报纸上的故事剪下来并悄悄带回孤儿院，据说这些剪报都被藏在阁楼上。"我阅读的部分故事激发了我疯狂的消费欲望。我想象自己穿着白色的羊毛裙，并想要把房间刷成白色，再配上白色的窗帘。这与姨妈们囚禁我的昏暗房间截然不同。"[17]

香奈儿告诉传记作者的故事为我们追寻她的设计思路提供了一些线索，尽管这些线索可能只是幻想，但却成为她一生灵感的源泉。香奈儿承认："间接地，是我住在奥弗涅的姨妈们让美丽的巴黎女士感受到端庄的气息。岁月流逝，直到现在我才明白所有优雅女士疯狂追求的清教主义元素都源自蒙特多尔，无论是质朴的深色调、我崇拜的自然色彩、夏季羊驼毛服装，还是冬季粗花呢套装中近乎修道院风格的剪裁。"[18]

穆朗城

当香奈儿三姐妹各自长到 18 岁时，修女们把她们重新安排至穆朗城中心的圣母修道院生活，那里离香奈儿的祖父母和住在维希的艾德丽安姑妈更近。

教会学校里有自费学生和接受慈善救济的学生，后者需要通过工作来换取在学校免费学习的机会。那些自费寄宿生都穿着暗红色的开司米羊绒衫、戴着编织草帽、穿着斗篷和新鞋，而接受救济的女学生则穿着由教会作坊编织的粗糙的羊毛披肩和教众捐赠的二手

1900年前后的穆朗城。香奈儿在格拉姆帕雷内衣店里当裁缝，这家店坐落在一条铺着鹅卵石的中世纪街道上，附近是雅克马尔钟楼

踝靴。[19] 女孩们的工作包括在毛巾上绣姓名首字母缩写、在睡袍上绣十字架等。尽管这些工作经常会让香奈儿枯燥到"想吐"，但正是这些实用的技能让她得以挣钱谋生，进而获得渴望已久的自由。[20]

穆朗城是个热闹的地方，靠近河流和中世纪古城区的维拉尔营地驻扎着好几个军团，其中最有名的是第十轻骑兵部队。年轻富有的军官们留着八字胡，身上穿着漂亮时髦的猩红色马裤制服，双手戴着一尘不染的白手套，头上斜戴着军帽。白天，军官们经常会待在赛马场，或在装饰得富有现代艺术气息的糕饼店与姑娘们调情，晚上他们则会去音乐厅喝酒，听女歌手唱小曲。

修道院院长允许香奈儿作为艾德丽安姑妈的销售助理在格拉姆帕雷内衣店工作。这家内衣店位于罗尔霍洛奇大街，站在店门口，顺着狭窄的鹅卵石路便可以直接看到雅克马尔钟楼上的时钟。店主德斯布廷一家很喜欢从圣母修道院雇佣这些擅长缝纫的女孩，并让她们住在三楼的阁楼房里。[21]

1904 年，香奈儿和艾德丽安决定搬家，她们搬到了穆朗城更受欢迎但比较破败的杜邦金盖特街。为增加收入，两人都选择在周日多打一份工。在穆朗城，裁缝很容易找到工作，因为有很多的军人制服和赛马服装都需要修改和缝补。

20 岁的香奈儿已经出落得非常漂亮，性格也很活泼。"人们总夸我有一双漂亮的黑色眼睛，"香奈儿说道，"我的脖子很长，你看看我的脖子到后颈背的距离，简直长得令人难以置信。没人有像我一样长的天鹅颈，特别是在照片里。哪怕吃饭时，我也总会高高地仰起头。"[22]

来改衣服的骑兵军官们很快就注意到了这两位年轻漂亮的女士，并邀请她们一起去观看马术场地障碍赛。后来，军官们还时常邀请她们去著名的拉特艾信茶室品尝水果冰沙，去新艺术风格的格兰特咖啡厅（那里有巨大的镀金镜子和奢华座椅）喝咖啡，或去拉帕雷托巧克力店吃甜品。巧克力店门口建有新古典主义风格的蓝色涡状雕花立柱，由穆朗美术学院在 1898 年设计而成。[23]

一位名叫艾提安·巴勒松（Étienne Balsan）的军官在阿尔及利亚服役一段时间后，被派往穆朗城的第十轻骑兵部队继续服役。刚满 25 岁的艾提安风度翩翩，有着深褐色的皮肤和时髦的八字胡。他来自沙托鲁一个富裕的家庭，家族经营着一个大型纺织品公司，专为英国警察制服提供蓝色布料。艾提安热爱运动，精力充沛，他曾在一所英国寄宿学校接受教育，喜欢马球、赛马和猎狐。他对马的喜爱甚至超过对女人的喜爱。艾提安 18 岁时，双亲去世，他因此继承了一大笔遗产。与他的两个兄弟继续从事家族纺织生意不同，艾提安选择用这笔钱投资纯种马。[24]

　　在世人眼中，艾提安应该像他的兄弟一样迎娶一位受人尊敬的资产阶级女士，但他却更喜欢和那些来自风月场所的女人们待在一起。艾提安不喜欢墨守成规，他常常无视那些惯例。香奈儿性格活泼，是一个没有父母也没有钱的漂亮姑娘，这显然激发了艾提安不安分的天性。艾提安将香奈儿带进自己的朋友圈，两人相互吸引，并产生了爱慕之情。

　　后来，妹妹安托尼特也加入了香奈儿和艾德丽安的行列，三人被军官们誉为"美惠三女神"（希腊神话中分别代表妩媚、优雅和美丽的三位女神）。晚上，热情的军官们会邀请她们去圆亭咖啡馆观看现场演出。这家咖啡馆的花园中坐落着一个八角形铁质凉亭，经常会为军官们提供助兴的歌舞表演。在专业歌手表演的间隙，还会有一些业余的歌舞女郎上台献唱，这些经验不足的女孩们如果表现得不好就可能会被观众扔樱桃核。

　　在众人的鼓动下，香奈儿也试着上台唱歌，由于她歌声甜美，圆亭咖啡馆和格兰特咖啡馆后来甚至聘请她为专职的歌舞女郎。香奈儿的热门表演曲目之一是《谁见过可可》（ Qui qu'a vu' Coco ），讲述了一个小女孩在巴黎的特罗卡德罗游乐园寻找小狗"可可"的故事。另一首是红极一时的《公鸡喔喔叫》（ Ko Ko Ri Ko ），歌名源自法语中公鸡打鸣的声音。因为这两首歌，艾提安亲昵地将香奈儿称为"小可可"，而他的朋友们则开玩笑地称艾提安为"里克"（ Rico ），并用"可可里克"（CocoRico）来代指这对恋人。[25] 尽管传闻中"可可"这个名字诞生于穆朗城的咖啡馆，但香奈儿坚称这个名字源于自己的父亲。"在有更好听的名字之前，父亲一直叫我小可可。他一点也不喜欢嘉柏丽尔这个名字，因为这不是他取的。他是对的……"[26]

在征得修道院的许可后，香奈儿有时会去维希探望祖父母，并就此爱上了当时流行的温泉度假村。据说度假村中的泉水有令人精神焕发的功效，这吸引了很多资产阶级的顾客蜂拥而至。在维希，公园里有管弦乐队演奏，大赌场里有卡巴莱歌舞表演，咖啡厅里有精致的下午茶，这一切都令香奈儿着迷。香奈儿的作家朋友保罗·莫朗（Paul Morand）曾说："维希是一个远离修道院囚牢生活的仙境，虽然在现实中也许是一个会令人生厌的仙境，但对初来乍到的人们而言，维希确实是一个美妙的地方。"[27]

香奈儿（左）和艾德丽安（右）在维希，摄于1906年。照片中的服饰展现了香奈儿的早期风格

香奈儿说服艾德丽安一起去维希生活，因为她相信自己可以在这个享乐的小城里成为一名出色的歌手。1906年，两人穿着自己缝制的服装在维希的公园里拍摄了一张照片，照片中的香奈儿穿着量身定做的外套和裙子，

皇家地庄园的城堡，第一次世界大战前归艾提安·巴勒松所有。这座建筑坐落在贡比涅地区的贝塞公园内

内搭的衬衣采用拉夫领，整套装扮显得端庄优雅。这是典型的香奈儿风格，与当时过度女性化、烦琐的穿衣时尚背道而驰。

在期盼成为一名驻唱歌手、可以穿着低胸亮片长裙唱歌为生的日子里，香奈儿在格兰特烤肉店的泵房里得到了一份倒水的工作。她需要穿着像护士一样的白色制服，站在烤肉台后为顾客提供矿泉水。[28]

香奈儿曾去大赌场参加面试，但她的表演并没有给人留下深刻的印象。最终，她想要成为一名歌手、成为亨利·图卢兹-劳特累克（Henri Toulouse-Lautrec）画中人物的愿望破灭了，她非常失望。1907 年，当维希的度假旺季结束时，香奈儿宣布放弃自己的歌手梦。回到穆朗城后，她发现姑妈艾德丽安爱上了莫里斯·德·尼克森男爵（Baron Maurice de Nexon），但男爵的父母绝不会允许儿子迎娶一个身份低下的女子，所以艾德丽安只能成为男爵的情妇。艾德丽安希望通过爱情实现独立，但是嘉柏丽尔·香奈儿，或者说现在更被人熟知的可可·香奈儿，决定通过金钱和成功来实现自身的独立。

皇家地

1904 年底，艾提安服完兵役后便立刻全身心地投入赛马运动。他在巴黎东北部的贡比涅林区购买了一座名叫皇家地的庄园，庄园里满是橡树和山毛榉树，非常适合举办赛马和猎鹿活动。

这座始建于 1303 年的法式城堡庄园最初是一座修道院，到中世纪时被改建成一处防御工事。17 世纪，皇家地又成了国王狩猎度假的别宫和本笃会修女居住的修道院。现在，这座被常青藤环绕的城堡变成了艾提安的梦想家园，庄园里既有小马场，也有野鹿出没的草地。在这里，艾提安可以尽情地招待宾客，其中包括跟他一起打马球的朋友、女演员和交际花。

与此同时，香奈儿意识到自己待在穆朗城很难有所作为，于是跟着艾提安搬去了皇家地庄园。到了 1906 年，香奈儿的名字重新出现在人口普查记录中，一同出现的还有赛马骑师、马倌及仆人的名字。香奈儿明白，如果没有丰厚的嫁妆很难嫁入豪门，但艾提安会不会愿意包养自己呢？[29]

搬入庄园后，香奈儿很快就发现著名交际花埃米莉安·达伦松（Émilienne d'Alençon）是艾提安的首席情妇。在美好年代（从 19 世纪末到一战爆发前），巴黎因风月场所而声名狼藉。活跃在这些风月场所中的交际花有着五花八门的称呼，如小宝贝、茶花女（源自小仲马的同名长篇小说）、情妇、钻石甜心等。埃米莉安正是其中的一员，她身边总是环绕着众多富裕的仰慕者，并会收到他们送来的各种珠宝首饰。

埃米莉安出生于巴黎，最初是一名马戏团的训兔师，不久后改行在女神游乐厅做舞者并小有名气，后来更是成为芭蕾舞剧《美女与野兽》（La Belle et la Bête）中的明星演员。埃米莉安经常出入巴黎的各大剧院和风月场所，如切兹马克西姆餐厅，也就是在这里，她被巴黎上流社会的生活深深吸引。埃米莉安因为曾是比利时国王利奥波德二世的情人而高傲得不可一世，国王不仅赠予她很多珠宝，还介绍她认识了同时是威尔士亲王和德意志皇帝的威廉二世。

香奈儿入住皇家地庄园时，埃米莉安虽已年过三十，但风韵犹存。据记者和传记作家马赛尔·海德里希（Marcel Haedrich）回忆，香奈儿曾厌恶地表示："艾提安·巴勒松喜欢老女人"，并声称艾提安"喜欢那些甜心宝贝，他和那个女人（指埃米莉安）生活在一起的事情已经成了整个家族的丑闻"。[30] 起初，每当艾提安在楼上宴请宾客时，香奈儿只能躲在楼下跟仆人们一起用餐。但渐渐地，艾提安发现香奈儿的出现总是令人耳目一新，很讨人喜欢，所以后来他就经常让香奈儿作为另一位情妇待在身边。

此时的巴黎正迎来艺术家亨利·马蒂斯（Henri Matisse）和巴勃罗·毕加索（Pablo Picasso）的时代，但皇家地庄园的生活仍围绕着马进行。香奈儿有时会在拉克鲁瓦圣旺观看穿着绸缎衬衣的骑师赛前称马，有时会在养马场跟马倌们待在一起，有时会在贡比涅林区策马疾驰。她非常喜欢布洛涅森林的珑骧赛马场，喜欢从赛马场遥望埃菲尔铁塔，喜欢空气中青草的芳香，也喜欢马儿冲过终点线时充斥全身的刺激感。

皇家地庄园的生活悠闲散漫，人们只能通过参加赛马和化装舞会来打发无聊的时间。早上，香奈儿会坐在露台上休息，一边喝咖啡，一边浏览报纸上的赛马结果。在一张现存的照片中，香奈儿仿佛变身为拉斐尔前派作品中的女主角，腿上盖着毛毯，低头看着报纸，黑色的长发散落在肩上。艾提安回忆道："她可以在床上一直躺到中午，一边喝咖啡或牛奶，一边阅读廉价小说。"[31]

莱昂·德·拉波尔德（Léon de Laborde）伯爵的情妇、女演员加布里埃·桃莉耶（Gabrielle Dorziat），年轻的歌剧演员玛特·达维尔（Marthe Davelli），还有亨利·德·福伊（Henri de Foy）男爵的情妇苏珊·奥兰迪（Suzanne Orlandi）都是皇家地庄园的常客。相比于那些社会更加认可、更加"得体"的女士们，香奈儿更喜欢这些美人，她说："我觉得那些上流社会的女士都特别不道德，所以我们很难好好相处。而这些甜心宝贝尽管戴着夸张的帽子，妆容也很浓，但她们很吸引我，也很对我的胃口，就像小说中的人物。这些被包养的女性和她们生活的世界就是我想要讲述的故事。"[32]

后来，回想起当时女士们在赛马场上的打扮，香奈儿说道："她们总是戴着一顶羽毛制成的大帽子，帽子上装饰着水果和其他羽饰，最糟糕且让我难以接受的是，她们的帽子和头部看上去很不协调。"[33]比起进入上流社会成为这些女士中的一员，香奈儿更喜欢取笑她们，并且经常故意打扮得与众不同。她就像克劳迪（作家科莱特最受欢迎的"美好年代"系列小说中的主人公）一样，一个自幼丧母的修道院女孩跌跌撞撞地闯入了巴黎的时尚圈。香奈儿打扮得"像女学生一样。我穿不了其他类型的衣服，因为18岁的我看上去仍然像15岁一样"[34]。

除了量身定制合身的粗花呢外套，香奈儿还会从男人的衣橱里借一些衣物来穿，如搭配针织领带和简单帽子的衬衣、马倌的马裤等，这样骑马时她就可以采用跨骑的姿势而不是侧骑。在一张1907年与艾德丽安在赛马场的合照中，香奈儿戴着简单的草帽，穿着白

香奈儿和艾德丽安在看台上，香奈儿戴着一顶朴素的草帽，穿着一件自己缝制的白领长裙，摄于1907年

领长裙，这些都是她自己手工缝制的。在另一张照片中，香奈儿站在南部赛马场的长凳上，戴着平顶巨檐草帽，穿着从福伊男爵那里借来的厚大衣，以及重新改造过的艾提安的衬衣和领带。虽然艾提安很恼火自己最喜欢的衬衣被香奈儿剪坏了，但香奈儿总是可以轻易摆脱他的责怪和唠叨。

　　住在皇家地庄园的香奈儿偶尔会去巴黎购物，有一次她在巴黎的老佛爷百货公司购买了几顶基本款式的平顶硬草帽，回来后用丝带和发卡进行了简单的装饰。"那时候很多人都会斜戴那些用类似鸟巢的东西装饰的帽子"，但香奈儿却端正地戴着自己改造的帽子，她说："人们都很喜欢我的帽子，所以我想：为什么不制作这样的帽子呢？"于是，香奈儿为埃米莉安制作了一顶帽子，当埃米莉安戴着它去观看赛马时立刻引起了人们的关注，其他女士都很好奇这顶新奇的帽子是谁设计的。[35]

1908年，25岁的香奈儿开始规划自己的未来——她不想依附任何人，相反她想找到适合自己的职业。一天，在皇家地庄园的露台上，香奈儿向艾提安说起人们非常喜欢她制作的帽子，并提出了想要做帽子生意的想法。起初，艾提安对这天马行空的想法不屑一顾，但在香奈儿的软磨硬泡下，艾提安最终还是同意为香奈儿提供经济上的支持，他把自己在巴黎的单身公寓免费借给了香奈儿卖帽子。其实，当时的艾提安正计划前往南美洲的赛马之都阿根廷，因此他也希望在自己离开期间香奈儿能找些事情打发时间。

每年秋天，艾提安都会去比利牛斯省的波城度假，住在13世纪的城堡里，每天除了猎狐就是打马球。由于不久后便要去阿根廷，艾提安这次特别邀请了香奈儿一起去波城度假。香奈儿很喜欢这片宁静的土地，这里"不仅有绿意盎然的牧场、静静流淌的山涧，草地上还有各种动物和穿着红色外套的狩猎者"。也正是在波城，香奈儿邂逅了亚瑟·卡伯（Arthur Capel），这个后来被她亲昵地称为"鲍伊"的男子，并一见倾心。[36]

亚瑟·卡伯（昵称为鲍伊）在马勒塞尔布大道138号的公寓中，摄于1911年。他是一位富商、一位贵公子，也是一位爱书之人

第二章：穷人派头

这个年轻人非常帅气，皮肤黝黑却很有魅力。

实际上，他不仅长得帅气而且身材高大……他骑着一匹健壮的马，我……爱上了他。

地点： 巴黎、多维尔、比亚利兹
时间： 1908 ~ 1919 年

1944 年 9 月，巴黎刚解放不久，香奈儿在康朋街的会客厅里接受英国记者马尔科姆·蒙格瑞琦（Malcolm Muggeridge）的采访时被问道："'鲍伊'这个名字对您来说有什么特殊的意义吗？"香奈儿回答道："他是我爱的人，一名真正的贵公子。"[1]正是鲍伊帮助香奈儿找到了人生的自由和意义，改变了她的人生轨迹，让她从皇家地庄园迈向更广阔、更美好的巴黎。

在接受蒙格瑞琦采访的近 40 年前，香奈儿和鲍伊于 1908 年在波城相遇，那时香奈儿还是艾提安的情人。香奈儿曾对保罗·莫朗描述了当时的场景："我们都非常喜欢骑马。一天外出骑马时我遇到了鲍伊，这个年轻人非常帅气，皮肤黝黑却很有魅力。实际上，他不仅长得帅气而且身材高大……他骑着一匹健壮的马，我被他绿色的眼睛和淡然的态度深深吸引，并爱上了他，在此之前我从未爱过任何人。"[2]

香奈儿对气味非常敏感，但她很喜欢鲍伊身上混合了皮革、植物、马和马鞍皂的淡雅香气。相识不久后，两人有一次相约外出骑马，却不幸淋了雨，于是回到城堡，晚上与艾提安一起坐在大厅的壁炉旁一边取暖一边共饮干邑白兰地。据香奈儿所说，自己后来悄悄尾随鲍伊坐上了离开波城前往巴黎的卧铺火车，但鲍伊很快就发现了香奈儿，并一把将她抱到了自己的铺位上。[3] 尽管这个说法中是否有想象的成分还未可知，但回到皇家地庄园后，鲍伊发现他已经被香奈儿的魅力征服了。鲍伊欣赏香奈儿的热情、巧言善辩、风趣幽默及活力四射，他喜欢这样热爱冒险的女性。而鲍伊自己也是一位绅士，风度翩翩、潇洒迷人，并且与香奈儿一样拥有高雅的品位。

鲍伊于 1881 年 9 月出生在英格兰布莱顿一个富裕的天主教家庭中，家族主要经营矿石生意。因为妈妈是法国人，爸爸是英国人，所以鲍伊既会说法语也会说英语。鲍伊在巴黎度过了一段童年时光，随后他前往天主教寄宿学校博蒙特学院学习，接着又去了英格兰的唐塞德学校进修。在学校里，他渐渐迷上了马球运动。鲍伊一直过着贵族般的生活，他的密友包括盖彻（全名盖伊·阿曼德·德·格拉蒙特）伯爵及英国贵族马球队的成员们。香奈儿后来评价鲍伊是"英国社会的雄狮之一"，并宣称"他是我唯一的爱人。虽然他已经去世，但我从未忘记他。遇到他是我这辈子最幸运的事"。[4]

前往巴黎时，香奈儿仅带了几件随身行李，其中包括一套羊驼毛套装和一件山羊皮外套。抵达巴黎后，她很快在艾提安位于马勒塞尔布大道 160 号的一楼公寓开办了自己的帽子店。与此同时，香奈儿与鲍伊的关系越发暧昧、不同寻常，她不仅在鲍伊的帮助下开设了银行账户，还与鲍伊一同住进了加布里埃尔大街上的一间公寓。此前，艾提安教会了香奈儿如何骑马，而如今喜欢开车的鲍伊教会了香奈儿如何驾驶汽车，他俩显然都爱上了香奈儿。

后来，香奈儿回忆道："当时的巴黎正值浪漫主义芭蕾时期，俄罗斯芭蕾舞团大行其道，非常幸运的是，我曾阅读相关书籍，对此有所了解。"巴黎是一个充满激情的城市，大街小巷到处都是

香奈儿和鲍伊合租的公寓，位于宁静的、绿树成荫的加布里埃尔大街，临近香榭丽舍花园

新艺术风格的海报和建筑。普瓦·波烈（Paul Poiret）是那一时期代表性的服装设计师，其自由主义设计包括极具东方特色的无束腹和服外套及哈伦裤，这些设计后来被谢尔盖·达基列夫（Sergei Diaghilev）带领的俄国芭蕾舞团采用。这些充满异域风情的华美服饰、舞台设计，加上舞蹈家瓦斯拉夫·尼金斯基（Vaslav Nijinsky）令人着迷的舞姿，让观众看得如痴如醉，仿佛置身于一个梦幻般的世界。

　　1896 年，一次偶然的机会，香奈儿在跟随姑妈艾德丽安游玩巴黎时观看了由莎拉·伯恩哈特（Sarah Bernhardt）演绎的舞台剧《茶花女》。那年，香奈儿只有 13 岁，而伯恩哈特已经作为女主角登上了文艺复兴剧院的舞台，并因此为世人所熟知。《茶花女》这个浪漫的悲剧故事让香奈儿想起了她的母亲和母亲那条沾满血迹的手帕，同时也激发了香奈儿日后对山茶花的喜爱之情。香奈儿曾感叹道："《茶花女》就是我一生的写照，也是我这辈子读的所有言情小说的综合。"回忆起那次旅行，香奈儿说自己和艾德丽安"在里昂车站上车，然后入住圣拉扎尔站附近的总站酒店。那时的天气太热了，以至于我几乎不能忍受（酒店）厚重的地毯，相较而言，我更习惯在（修道院）擦得锃亮的地板上行走"。[5]

香奈儿的帽子店开张后，生意做得风生水起，但她却对上流社会的生活有些不知所措。巴黎上流社会的精英们大多是亲英

对页图：阿方斯·穆夏（Alphonse Mucha）为1896年编排的《茶花女》设计的新艺术风格海报，该剧由莎拉·伯恩哈特主演，年轻的香奈儿对这部剧痴迷不已

本页图：俄国芭蕾舞团节目单中的加布里埃·桃莉耶（香奈儿店里的常客），摄于1912年

派，热爱运动，喜欢汽车，鲍伊和艾提安就是其中的两人。香奈儿告诉马赛尔·海德里希："来到巴黎后，我必须重新学习一切。此前，我从未坐过装着充气轮胎的汽车，只坐过实心轮胎的车。这些汽车看起来太丑了！可怜的车夫不得不高高地坐在车外驾驶汽车。"[6]当然，这绝非唯一的冲击。在丽兹酒店，香奈儿第一次见到电梯，她甚至都不确定自己是否应该同电梯中的其他乘客攀谈。[7]

在那个年代，巴黎始终行走在潮流的尖端。1889 年，为迎接世博会，巴黎建造了令人惊叹的埃菲尔铁塔（当时世界上最高的建筑），彰显了这座城市在建筑领域的野心勃勃。1900 年，巴黎第五次举办世博会，并为此修建了庞大且密集的地下交通系统，将整个大都会紧密地联系在一起，让女性有了更多可以独自出门旅行的自由。1905 年，巴黎的道路上出现了第一辆公共汽车，但女性日常仍然习惯穿着长裙和高跟鞋，戴着华而不实的帽子出行。

当时的巴黎也是百货商场之都，一栋栋装修华丽的商场仿佛一个个绚丽的阿拉丁洞穴一样伫立在宽阔整洁的林荫大道的两侧。香奈儿从林荫大道的老佛爷百货公司购买低价的草帽，然后"在上面稍做改动"[8]，设计成自己的帽子出售。

香奈儿帽子店迎来的第一批客户是艾提安曾经的女伴们。这些时尚甜心们以前经常会戴着浮夸的帽子出行，而香奈儿推出的这种款式简约的帽子让她们眼前一亮，在口口相传之下，香奈儿品牌的知名度迅速攀升。1910 年 9 月，女演员卢西恩·罗杰（Lucienne Roger）戴着香奈儿设计的"天堂鸟之帽"登上了《时尚画报》（*Comoedia Illustré*）杂志的封面，这是香奈儿的第一次宣传广告。[9]紧接着，在《时尚画报》的 10 月刊上，香奈儿作为封面模特，戴着自己设计的宽檐羽毛装饰帽闪亮登场。[10]香奈儿在皇家地庄园的老熟人加布里埃·桃莉耶是巴黎著名女演员，因为独到的穿衣风格而受到媒体追捧。桃莉耶在为巴黎各大时尚杂志拍摄照片时都会戴上香奈儿设计的帽子，她在出演著名舞台剧《漂亮朋友》（*Bel Ami*，故事源自莫泊桑的同名代表作）时戴的天鹅绒三角帽同样出自香奈儿之手。[11]另一位女演员苏珊·奥兰迪也被拍到戴着香奈儿设计的帽子，不仅如此，她还穿着香奈儿设计的白领黑色天鹅绒长裙，这很可能是香奈儿出售的第一条裙子。[12]

后来，在鲍伊的资助下，香奈儿又在康朋街 21 号租了一个小店面，新店于 1910 年 1 月开业，门框上写着"香奈儿时尚"（Chanel Modes）。康朋街是巴黎第一区的时尚潮流中心，很多主流设计师、女帽制造商和珠宝商都把店开在这条街上。相比其他街区，康朋街有着得天独厚的优势，那就是丽兹酒店的一个入口在这条街上，该酒店有著名的沃依辛餐厅及史密斯英式茶室，很多漂亮女士在购物之余都喜欢来这里休闲放松。[13]除了康朋街，一些初露头角的设计师也会在其他街区开设店铺，如玛德琳·薇欧奈（Madeleine Vionnet）于 1912 年在里沃利街开店，而让娜·浪凡（Jeanne Lanvin）则在圣奥诺雷市郊路 22 号的阁楼上开店。

香奈儿的帽子生意大获成功，随后，她又聘请了艾德丽安及安托尼特担任销售助理，负责香奈儿品牌的推广工作。1910 ~ 1914 年是香奈儿一生中最幸福的时光，她不仅事业蒸蒸日上，还与鲍伊陷入热恋。这段恋情让香奈儿成为众多上流社会女士追捧的对象，鲍伊平时与艺术家、作家、政客和体育界人士都有往来，所以香奈儿也很快融入了这些圈子，并将商品以尽可能高的价格卖给这些有钱人。

香奈儿与鲍伊位于加布里埃尔大街的爱巢，体现了香奈儿早期在室内设计方面的才华。在两人为公寓购置家具的过程中，香奈儿

香奈儿穿着美轮美奂的白色缎面长裙，摄于
1910 年。缎面是香奈儿在装饰加布里埃尔大街
的公寓时最喜欢使用的面料

第一次见到了科罗曼德屏风并被它的美丽折服，她说自己当时"高
兴得快要晕倒了"。[14]

　　当时，从中国运往欧洲的货物必须经过科罗曼德海岸的马德拉
斯（现在的印度金奈市），所以这些来自中国的木质漆器屏风又被
称为科罗曼德屏风。"有种强而有力但又难以言喻的东西吸引着我，"
香奈儿说道，"我此前没有买过屏风。当然，外省也很少有屏风，
我就从未见过类似的东西。我认识的人可能更偏向于购买一个实用
的橱柜来存放晒干的床单。"香奈儿非常喜欢这些屏风，尤其是屏
风黑色表面上用金色、银色和红色勾绘而成的花鸟虫草、亭台楼阁。
科罗曼德屏风可以折叠，然后放在任何地方。香奈儿说："对我而言，
屏风就像中世纪的挂毯，可以随时随地帮助我装饰房屋。"[15]

　　加布里埃尔大街公寓的室内设计体现了香奈儿早期喜爱的颜色
和风格。她把地毯染成米白色，因为这让她"想起了土壤"。整套

公寓的设计以自然为灵感，以原木及米色的家具进行装饰。香奈儿使用了大量的米色，以至于"有一天，室内设计师请求她别再这么做了"，并且说服她改用白色缎布。此外，她还用英式银具、"极其昂贵的宣纸"和插满白色花朵的大花瓶来巧妙地装点房间。[16]

法国剧作家亨利·伯恩斯坦（Henri Bernstein）及他的妻子安托尼特·伯恩斯坦（Antoinette Bernstein）经常会与香奈儿及鲍伊共进晚餐，他俩都对这间公寓的精美装潢赞不绝口。在公寓里，香奈儿和鲍伊一起度过了许多快乐的日子，比起出门应酬，他们更喜欢待在自己的公寓里。据香奈儿回忆："晚上我会盛装打扮来取悦鲍伊，这时他就会说'为什么要出去，待在家里多舒服啊'。他喜欢看着我在亲手布置的环境里忙碌，而我其实也有不为人知的、适合隐居生活的一面。"[17]

当香奈儿跟着鲍伊外出共进晚餐时，"她非常容易被人嫉妒，因为她驯服了这座城市夜晚的雄狮"。[18] 他们有时会去切兹马克西姆餐厅或巴黎咖啡厅，香奈儿会穿上由巴黎女装设计师切芮设计的蓝白罗缎紧身长礼服。这件礼服的腰身极窄，因此香奈儿必须在礼服里穿上非常紧的束腹衣。有一次，为了吃饭，香奈儿不得不请鲍伊帮忙解开束腹衣，但是吃饱喝足后，她却再也穿不上礼服了。更可怕的是，香奈儿没有随身携带外套，因此无法掩盖这尴尬的场面，此后她便发誓绝不会再穿束腹衣。[19]

香奈儿知道，鲍伊在跟她交往的同时还与其他女性约会，但或许是因为曾在皇家地庄园目睹艾提安·巴勒松圈子中破格的恋爱态度，她选择无视鲍伊的桃色新闻。有一次，香奈儿和鲍伊一同前往多维尔赌场游玩，香奈儿身着一件简单却又华丽的白色连衣裙，毫无疑问，这对魅力四射的情侣成了全场的焦点，女性的目光都追随

多维尔的海边小屋，小屋后是童话般的新诺曼式联排别墅

着鲍伊，同时也很好奇香奈儿的身份。对此，香奈儿十分洒脱，她说："所有女性都跟在鲍伊的身后，但我一点也不嫉妒。"[20]

　　香奈儿在意拉盖特歌剧院观看了艾莎道拉·邓肯（Isadora Duncan）的舞蹈后受到激励，决定跟随艾丽斯·图勒蒙（Elise Toulemon，也被称为卡莉亚蒂丝）学习舞蹈。图勒蒙的舞蹈工作室位于蒙马特高地的拉马克街上，每天早上香奈儿都会爬坡走去工作室学习舞蹈。然而，在学习了一些基础课程后，香奈儿被告知她在舞蹈方面的天赋有限。卡莉亚蒂丝是巴黎第一批剪短发的女性，正是她邀请香奈儿一起去观看芭蕾舞剧《春之祭》（*The Rite of Spring*）的首秀。[21] 该剧是作曲家伊戈尔·斯特拉文斯基（Igor Stravinsky）的代表作和成名作，于1913年5月13日在新建的香榭丽舍剧院上演。首演的效果糟糕极了，粗犷狂暴的编舞、斯特拉文斯基式的节奏以及冲突的和弦形成了激烈的碰撞，这种大胆的尝试让观众极度震惊并在现场引起了骚乱。除了学习舞蹈和观看演出，香奈儿有时还会爬上蒙马特高地，拜访拉维尼昂街 13 号的浣衣舫，那里有毕加索的工作室，因此也被香奈儿称为"炼金术士之家"。

多维尔

1913 年的夏天，鲍伊带着香奈儿前往多维尔度假，并在新开张的诺曼底酒店预定了一间豪华套房。多维尔迷人的街道上坐落着众多新诺曼式建筑，来自英吉利海峡的海水不断地拍击着白垩悬崖，悬崖两边是一望无际的金色沙滩，这里是 20 世纪初法国富人的避暑胜地。《时尚》杂志称多维尔是"法国的夏日之都"，因为这里有"欧洲大陆上营业时间最短，但是最愉快、最刺激的度假村"。多维尔的旺季度假活动主要围绕赛马展开，其中最热门的比赛场地当属莫尼公爵于 1862 年修建的多维尔赛马场。除了赛马，多维尔还有很多丰富的娱乐活动，如帆船、赛艇、马球、赌场游戏等。

1913 年 9 月，《纽约时报》（*The New York Times*）刊文称："多维尔，尤其是沿海地区，是欧洲大陆 8 月炙手可热的聚集地之一。人们蜂拥而至，好像赶着去看马戏团的乡下人一样。我们也确实可以看到不一样的前沿时尚，如美到令人窒息的礼服、只会出现在童话故事《航海家辛巴达》（*Sinbad the Sailor*）中的绝美珠宝、美国人永远不会戴的帽子，以及会震撼大西洋城的泳装。各种潮流的风向标似乎都聚集在多维尔的这片蓝天下。"[22]

《纽约时报》的文章还详细介绍了人们在多维尔度假时的日程安排：上午 11 点洗漱，然后成群结队地走过整洁的冈特·比隆街去皇家酒店或诺曼底酒店喝一杯开胃酒，接着开始享用早餐。下午去参加或观看赛马，晚上九点吃晚餐，深夜 11 点后去赌场享受夜生活。[23]

　　鲍伊看见杂志上大肆报道了海滩度假区举办的夏日时装游行活动，于是他建议香奈儿在冈特·比隆街开设一家新的时装店。冈特·比隆街靠近诺曼底酒店、赌场和海滩，绝对是开店的理想位置。香奈儿在新店的门口安装了白色遮阳篷，上面印着黑色粗体的"嘉柏丽尔·香奈儿"作为店名。店里出售的具有革命意义的沙滩装系列，让无数好奇的女士蜂拥而至。1913 年夏天，普瓦·波烈设计的束腰裙成了晚礼服的不二之选，风靡一时，但很快香奈儿的名字也开始出现在人们想要拥有的服装品牌列表里。同年，香奈儿设计的早礼服系列得到了《纽约时报》点名表扬。[24]

　　20 世纪初，为了不让太阳晒伤皮肤，女性在海边时往往会用衣服把自己完全包裹起来。香奈儿在度假时却灵感迸发，设计出了一系列更凉快、更宽松的衣服，如高领套头衫、亚麻裙、水手衬衣、有腰带的针织衫等。其中，针织衫的灵感来自鲍伊的马球衫——香奈儿偶尔会借穿鲍伊的马球衫，这时她会卷起袖子并在腰间系一条手帕。

　　除了鲍伊的马球衫，香奈儿的设计还借鉴了外甥的英式校服，即海军蓝毛衣搭配西装外套。当时，香奈儿的长姐朱莉-贝尔特突然离世，留下了年仅六岁的儿子安德鲁（André）。在鲍伊的帮助下，香奈儿决定承担起照顾安德鲁的责任，并把他送去鲍伊的母校英格兰博蒙特学院读书。[25]此外，香奈儿还很喜欢在多维尔见到的那些诺曼底渔夫的穿着打扮，并以此为灵感设计出了条纹上衣。1915 年的夏天，《女装日报》（Women's Wear Daily）刊登了一篇关于多维尔和香奈儿的文章，文中赞扬了香奈儿设计的条纹套头毛衣，并声称"可以预见这类毛衣将会获得巨大的成功"[26]。这些条纹套头毛衣都是用当时被认为很"不上档次"的针织布制成的。

香奈儿身穿"多维尔"系列服装站在诺曼底的艾特达海滩边，背景是阿蒙白垩断崖

　　香奈儿服饰宽松的版型打破了束腹时尚对女性的约束，让女性变得更加独立。随着自行车的发明及汽车的引进，运动类服装逐渐进入女性的衣橱，护目镜、防尘衣和面纱也成为女性的日常必需品。

　　香奈儿还设计了一款"有巨大口袋的长款宽松外套"，这种工装风格的大口袋设计旨在将女性的双手从手拎包中解放出来，以便她们搭乘或驾驶巴黎现代化的交通工具。此外，这类宽松的版型也让女性的行动变得更加自由和灵活，女性在上下汽车时不再需要像以往那样费力地提起裙摆。

　　凭借着旁人难以企及的时尚感，香奈儿成了演绎自己服装最完美的模特。在一张摄于 1913 年的照片中，香奈儿穿着宽松系带外套和及踝淡色长裙，双手插兜站在多维尔色彩斑斓的沙滩小屋旁边。在另一张照片中，她穿着系带无袖宽松外套、白色窄裙和水手领衬衣，以近乎相同的姿势站在自己的店铺门外。

　　回忆起当年的情形，香奈儿说道："每个人都想结识我，我成了大名人，也是从那时起，我开创了一种时尚——像明星一样的女装设计师。在此之前，从没有其他女装设计师如此受人追捧。"当时，无论是权贵还是名流都喜欢光顾香奈儿的时装精品店，其中包括男爵夫人黛安·凯蒂·德·罗斯柴尔德、巴黎女演员塞西尔·索雷尔等。亨利·伯恩斯坦的妻子安托尼特在 20 世纪 70 年代说："我不太记得我跟香奈儿第一次相遇是什么时候了，但那时她还很年轻，不到 30 岁，身材特别好。那时正值多维尔的复兴时期，我非常喜欢逛香奈儿的精品店。回到巴黎后，我也会去她在巴黎的时装精品店购物。"[27]

　　一时间香奈儿声名鹊起，在多维尔的时候，漫画家塞姆（Sem）在《费加罗报》（Le Figaro）中将香奈儿刻画成一位跑入半人马少年怀抱的曼妙少女。这个半人马少年是一位以鲍伊为原型创作的马球选手。保罗·莫朗，香奈儿的毕生挚友，也根据香奈儿和鲍伊的浪漫爱情故事创作了小说《路易斯和艾琳》（*Lewis et Irène*）。

1914 年 8 月，欧洲酷暑难耐，多维尔开始进入度假旺季，但就在这时欧洲爆发了战争。一夜之间，奢侈品时装店全部关门停业，石油价格飙升，即使是那些度假的常客也迅速撤离了多维尔。鲍伊劝说香奈儿不要跟着人群逃往巴黎，就留在多维尔避难，他甚至打算在当地租一栋度假别墅，这样即使他上前线，也有地方可以饲养他的矮种马。到了 8 月末，德国的军队离巴黎越来越近，有钱人家的女眷又都跑回多维尔避难。

"一个世界的终结，标志着另一个新世界的诞生。我刚好就在这个新世界，当机会来临时，我抓住了它。"香奈儿回忆道。战争的爆发终结了美好年代无忧无虑的夏日时光，男性都被派往前线打仗，因此女性的角色发生了巨大的改变。为了能更好地胜任工人、救护车驾驶员等角色，女性开始改穿棉质工装裤、厚大衣、风衣及短下摆的裙子。香奈儿认为此时并不适合做奢侈品生意，因为在战争期间浮夸的时尚已经不再适用，人们各司其职，越发注重服装的实用性。于是，香奈儿决定要为女性打造兼具实用性和美观性的服饰，在这股信念的驱动下，她在多维尔的时装店重新开门营业。这家店也成了多维尔当时唯一的时装店，大量的顾客纷至沓来，抢购香奈儿设计的宽松舒适的长夹克、亚麻裙和水手衬衣。

香奈儿告诉保罗·莫朗，自己的成功应当归功于实用主义的设计。"当时，因为战争，人们已经无暇去制作那些时髦的帽子，有些地方甚至连裁缝都找不到了，所以很多习惯了优渥生活的优雅女士都会光顾我在多维尔的店铺。其实，那时候，我也只是跟一些帽

上图：香奈儿和鲍伊在靠近比亚利兹的圣让-德-吕兹海滩，摄于1917年

上页跨页图：在美好年代的海滨度胜地多维尔，香奈儿因其革命性的沙滩系列服装而声名远播

匠有合作往来，但后来，我成功地把她们培训成了裁缝，从而解决了裁缝人手不足的问题。此外，我还面临着衣料短缺的问题，甚至不得不从自己的训练服和马夫的毛衣上剪下针织布来使用。当战争爆发后的第一个夏天临近结束时，我已经挣了 20 万金法郎。"[28]

尽管香奈儿的生意做得风生水起，但这远远无法缓解她对鲍伊的思念之情。1914年底，为了离鲍伊更近一点，香奈儿决定返回巴黎。尽管战争仍在继续，但这丝毫没有打乱巴黎上流社会的安逸生活。"香奈儿时尚"店铺的地理位置很好，因为它离丽兹酒店很近。当时的丽兹酒店是女士们和盟军军官们约会的热门场所。正如伊丽莎白·德·格拉蒙德(Elizabeth de Gramont)评论的那样，这些军官"可以在巴黎最温暖的室内享受肩部按摩"[29]。

随着战争的继续，煤炭的价格持续上涨，因此女性越来越多地选择穿动物皮毛的衣物来保暖。1917 年 9 月，英国版《时尚》杂志写道："当壁炉里没有煤炭时，巴黎女子就把自己裹在皮草大衣中，头上戴着醒目的帽子，浑身散发出别样的魅力和温暖的气息。"[30]但是，战争让很多受欢迎的动物皮毛原料难以运抵巴黎，于是香奈儿开创性地在高档服装上使用了兔子皮毛，这是一种曾经被认为只有乡下人才会使用的材料。"我决定用最不起眼的兔子皮毛来代替那些昂贵的动物皮毛。战争时期，既无法从南美引进栗鼠，也无法从沙皇俄国进口紫貂，所以我不得不选择兔子作为替代品。这一举措为穷人和小零售商们带来了财富，却也让我遭到了大商场所有者的忌恨。"[31]

1915 年夏天，鲍伊利用假期带香奈儿去比亚利兹游玩，其间他鼓励香奈儿在比亚利兹再开一家店以重现在多维尔时的辉煌。香奈儿听取了鲍伊的建议并在拉腊尔德别墅租了一个店面，这栋别墅位于加德雷斯街，是一座外表看上去非常浪漫并建有角楼的城堡。新店于 1915 年 7 月 15 日正式开业，这是比亚利兹的第一家时装店，香奈儿的妹妹安托尼特从巴黎赶来帮忙管理这间店铺，随行的还有一些来自康朋街的女裁缝。

比亚利兹邻近西班牙边境线，由于西班牙是战争中立国，所以那些未受战争影响的西班牙贵族非常喜欢这个地处大西洋海岸的豪华度假胜地。当地的米拉马尔海滩和巴拉斯酒店更是日夜笙歌的热门场所。香奈儿和鲍伊也曾受邀参加巴拉斯酒店举办的舞会，并就此结识了康斯坦特·塞伊（Constant Say）及歌剧演员玛特·达维利（Marthe Davelli）。此外，香奈儿和鲍伊还会邀请小说家皮埃尔·德库塞尔（香奈儿在童年时期非常喜欢皮埃尔写的浪漫小说）一起打

香奈儿穿着自己设计的宽松实用的
运动服装打高尔夫，约摄于1910年

高尔夫或在沙滩上晒日光浴。玛特就住在靠近法国圣让–德–吕兹海滩
的西班牙海滨城市巴斯克，因此也时常会加入他们的活动，和香奈
儿一同尽情地在海边享受日光浴，将皮肤晒黑。要知道，在当时的
社会背景下，女性晒日光浴是一件特别新潮却又充满争议的事情。[32]

　　1916 年，面料制造商罗迪尔生产了一大批机织针织布，但这些
布料太过粗糙，用它们制作的运动内衣容易引起皮肤刺痒，因此无
人问津。香奈儿获悉后，提出要低价收购这些布料，于是罗迪尔立
刻将大量堆存的针织布转卖给了她。正是因为这批针织布的存在，
香奈儿才得以进一步开发和设计使用这种"低档"布料制作的衣服。
起初，罗迪尔只生产天然奶油色的针织布，后来他与香奈儿继续合
作，又开发出了灰色、海军蓝和珊瑚色的针织布。[33]

　　1916 年，《时尚芭莎》（*Harper's Bazaar*）首次刊登了香奈儿设计的礼服。该礼服出自"比亚利兹"系列，是一件 V 领衬裙，不仅饰有刺绣，身前还系有一条低腰带。[34]同年 7 月，英国版《时尚》杂志报道："如今的巴黎时尚圈除了针织布没有其他的创意想法。（香奈儿的）设计大量使用针织布，如波尔多红的针织布搭配棕色兔毛。当衣服裹在人们的身上时，看起来就像是叠加在一起的三层披肩。"[35]9 月，该杂志继续刊文写道："巴黎人目前想的只有两件事——战争和针织布。巴黎人对针织布的使用近乎痴迷，对他们来说，针织布已经不再仅仅是一种面料，而是一种时尚的象征。羊毛针织布实用、经济又时髦，这三个优点完全符合战时采购的要求。"[36]

　　通过使用兔子皮毛和针织布，香奈儿开创了使用低档面料制作高档衣物并以高价卖出的先河。1931 年，珍娜·福兰纳（Janet Flanner）在《纽约客》（*The New Yorker*）杂志中写道："香奈儿是一个因为开创了'穷人派头'风格而变得富有的裁缝。"

　　香奈儿曾说："当年去看赛马的时候，我从未意识到自己正在见证奢侈品的消亡、19 世纪的逝去和一个时代的终结。那是一个辉煌而又堕落的时代，夸张的装饰品掩盖了人体的本来构造，华丽繁复的巴洛克风格扼杀了每个人的特点，这让人不禁联想到热带雨林中被寄生虫扼杀的树木。"[37]

　　玛丽-路易斯·德雷（Marie-Louise Deray）曾经是香奈儿雇用的一名裁缝，回想起香奈儿对衣物的要求时，她说道："为了避免针织布上出现线头和针脚，好几次我们都不得不重新制作衣服。小姐的要求非常多，哪怕只是一个小配件出了问题，她都会大发雷霆。她非常难缠，相信我，我为此哭过好多次。她对员工表现得非常强

香奈儿设计的宽松系带夹克针织套装在第一次世界大战期间备受追捧，图为1917年3月《巴黎时尚》（*Les Elegances Parisiennes*）杂志中的插图

硬，言语中不留一点情面。但是她确实有令人大吃一惊的奇思妙想，这些想法既时髦又简单，与波烈和玛德琳·薇欧奈都不一样。"

在比亚利兹，香奈儿的大部分顾客都是西班牙人，包括住在马德里的皇室成员唐·阿方索十三世（Don Alfonso XIII）及巴腾堡的维多利亚·欧亨尼亚（Victoria Eugenie）公主。这些西班牙人想要通过颜色鲜艳的服饰来表明西班牙战争中立国的身份。据裁缝德雷描述，当时香奈儿工作室里的"颜色多得像彩虹一样。我们用针织布和棉布制作了很多迷人的衣服。比如，我们会在无袖宽松外套的臀部位置系上一个大大的蝴蝶结，这样外套瞬间就变得非常时髦"。[38]

自1916年冬天开始，衬裙成了新的时尚风标。英国版《时尚》杂志报道称："香奈儿虽然仍在衣服的前面松松垮垮地系着窄边腰带，但她也和其他人一样，开始使用分段腰带，并且系得更低。"

在香奈儿的带领下，浪凡、查尔斯·弗雷德里克·沃斯（Charles Frederick Worth）和珍妮·帕奎因（Jeanne Paquin）也争相设计了各自品牌的衬裙。

香奈儿不仅擅长使用海军蓝、米色和灰色的针织布，她还设计了一款带有东方特色刺绣的双绉日间礼服，并有深蓝色、红色和黑色三种颜色可供选择。1916 年 11 月，一条黑色连衣裙搭配白色鸢尾花或日本樱花的刺绣开启了使用"明亮的拜占庭细线和日本刺绣"的潮流。[39] 与那时流行的厚重的塔夫绸礼服不同，香奈儿的礼服更加轻巧优雅，且裙身闪烁着金属花边和串珠的光泽。

1918 年春天，德国人开始用远程枪炮轰炸巴黎。一天晚上，巴黎受到猛烈的炮火轰击，丽兹酒店不得不将客人疏散至地下室以确保安全。第二天，女士们纷纷跑去香奈儿的店里购买适合在防空洞穿的睡衣。于是，香奈儿加急赶制出了一款红色的睡裤，睡裤一经推出便被抢购一空。后来，香奈儿用浅色丝绸制作的睡裤再次受到市场的追捧，尽管当时女性在公共场合穿裤子依然是一种很大胆的举动。

香奈儿风格是新时代的产物，它预示着女性需要变得更加苗条。香奈儿曾这样评价战前的女性："她们通常吃得很多，然后变得很胖，但她们又不想让自己看上去很胖，所以她们会用束腹衣把自己绑起来。"香奈儿还说："我通过使用针织布解放了女性的身体，抛弃了收腰的设计（直到 1930 年才恢复），并因此创造出了一种全新的版型。这种版型非常适合那些在战争年代变得更加苗条的女性，她们都变得'像香奈儿一样苗条'。"[40]

1918 年年末，第一次世界大战宣告结束，但战时的服装风格仍然延续了下来。那一时期，女性裙子的长度大多刚好到脚踝上方，量身定做的夹克也在臀部呈喇叭状展开，这让女性可以更加自由地四处行走或参加其他运动。1919 年秋天，英国版《时尚》杂志指出：
"我们非常清楚，体育运动和露天活动是保持年轻、维持身体柔韧
度的最佳方式。"[41]

战前，女性被禁止独自进入丽兹酒店的酒吧，但是战后的巴黎赋
予了女性很多新的机遇和自由。香奈儿出售的衣服可以满足不同活动
的需求，既有打网球或高尔夫时穿的运动服，也有去赌场或跑马场时
穿的礼服。虽然她的衣服会让人联想到战后大萧条时期奉行的节约政
策，但却贴着只有富人才消费得起的价格标签。香奈儿认为："一件
合适的连衣裙应该可以让女性穿着走路、跳舞，甚至骑马！"[42]

英国版《时尚》杂志在报道珑骧和奥特伊跑马场恢复营业后举
办的比赛时，提到了三件香奈儿的衣服：一件灰色和黑色相间的缎
面披肩，适合作为在车内的穿搭；一件有流苏的黑色缎面外套，灵
感来自美国牛仔；还有一件是圆领的黑色平纹绉绸长袖连衣裙，腰
部系着绸缎，这也是第一条香奈儿小黑裙。[43]

战争期间，鲍伊因为煤炭生意而变得更加富有。此外，他
还编写了《胜利反思》（*Reflections on Victory*）一书，呼吁人
们和平地解决战争问题，并因此在文学领域崭露头角。鲍伊对
神学、符号学和宗教学都有着很深刻的理解，这些也深深地影
响了香奈儿的一生。虽然鲍伊和香奈儿彼此相爱，但出身名门
的鲍伊仍然需要一段门当户对的婚姻，于是他决定与战争遗孀
黛安娜·温德姆（Diana Wyndham）成婚。黛安娜在红十字会
工作，是一名救护车司机。在订婚后，鲍伊向香奈儿透露了自
己即将结婚的消息，并希望香奈儿可以继续留在他的身边，然
而香奈儿毅然搬出了自己精心设计的加布里埃尔大街公寓。此
后，香奈儿长期住在安静的拉米拉奈斯别墅中。这幢别墅是香奈
儿为了纪念战争结束而购置的，位于巴黎郊区的鲁伊尔，可以

远眺城市的美景。婚后的鲍伊并没有割断与香奈儿的联系，反而经常拜访香奈儿，向她抱怨自己和黛安娜不幸的夫妻生活。[44]

1919 年圣诞节前夕，鲍伊坐着新车去看望香奈儿，而后他又连夜乘车赶往里维埃拉，计划同他的妹妹还有妻子一起过节。但鲍伊没有顺利抵达目的地，因为 12 月 22 日凌晨，他在距离尼斯不远处遭遇了一场可怕的车祸，并不幸丧生。

1919 年 12 月 24 日，伦敦《泰晤士报》（*The Times*）报道："卡伯上尉的汽车在行驶过程中意外爆胎并引发了一场交通事故，上尉本人在此次事故中不幸丧生，他的私人司机曼斯菲尔德也身受重伤。"此外，报道还指出，"卡伯上尉的离世对他很多身在巴黎的朋友来说是一个巨大的打击。上尉可能是居住在法国最有名的英国人，而且他在法国也有很多重要的煤炭生意。战争期间，作为一名联络员，他出色地完成了任务……此外，他还是一名优秀的运动员，同时也是一名书籍收藏爱好者。"[45]

12 月 22 日黎明，皇家地庄园的老朋友莱昂伯爵告诉了香奈儿这个不幸的消息。他赶到香奈儿位于圣克劳德的家，不停地摁着门铃，直到管家约瑟夫打开门并不情愿地同意叫醒香奈儿。据莱昂伯爵回忆，从睡梦中被叫醒的香奈儿顶着一头乱蓬蓬的短发，穿着白色的睡衣出现在楼梯的尽头，在幽暗的光线下，莱昂伯爵只能看到"一个身穿白色绸缎衣服的年轻人的背影"。得知鲍伊车祸遇难的消息后，香奈儿一言不发，简单地收拾行囊后便跟随莱昂伯爵一路向南，驱车赶往鲍伊妹妹居住的蒙特卡洛。[46]

在鲍伊妹妹家的躺椅上短暂休息后，香奈儿便要求去车祸现场看看。她坐在路边的路碑上，看着一旁被烧毁的汽车，不停地哭泣着。对香奈儿来说，这是继鲍伊结婚后最致命也是最后一次的打击。"对我而言，失去鲍伊就意味着失去了一切。"[47]

1927年，卡尔·埃里克森（Carl Erickson）为《时尚》杂志绘制的插图，图中画了两条香奈儿长裙。左边是403，一条黑色真丝绉晚礼裙；右边是489，一条黑色缎面长裙

第三章：自由新潮的巴黎

> 我在努力地营建一个新社会……我现在的顾客都是忙碌的职场女性，
> 她们渴望舒适的穿着，而且需要在没有他人帮助的情况下，也能够自己挽起袖子。

地点：巴黎
时间：1919 ~ 1929 年

如果需要用一个特定的时间和地点来标记可可·香奈儿，那一定是 20 世纪 20 年代的巴黎，那是一个激情燃烧却无所事事的年代，又被称为"疯狂年代"（les années folles）。在第一次世界大战后，那些美丽又才华横溢的人把巴黎视作心中的圣地，他们希望可以在巴黎抹去那些关于战争的恐怖记忆。香奈儿成了那个时代的时尚先锋，她可以准确地把握时尚脉搏，引领女性的穿衣潮流。"我在努力地营建一个新社会，"香奈儿说道，"过去的衣服只是为那些无所事事的女性设计的，平时甚至有女仆协助她们穿长筒袜；而我现在的顾客都是忙碌的职场女性，她们渴望舒适的穿着，而且需要在没有他人帮助的情况下，也能够自己挽起袖子。"[1]

正是香奈儿掀起了"男孩子风潮"（La Garçonne），重新定义了"摩登女郎"，或者说"飞来波女郎"（flapper）。这是一群活力四射且多情的现代女性，她们一般留着短发，化着浓妆，穿着短裙，会抽烟，喜欢喝香槟或鸡尾酒。同一时期，一些走在前沿的时尚插图在描绘女性形象时会加上口红或香烟，进一步强调这种无拘无束的生活方式。香奈儿的暧昧对象、朋友及爱人都是当时杰出的艺术家和作家，如巴勃罗·毕加索、克里斯蒂安·贝拉尔

（Christian Bérard）、谢尔盖·里法（Serge Lifar）、让·谷克多（Jean Cocteau）、伊戈尔·斯特拉文斯基、诗人雷蒙德·拉蒂格（Raymond Radiguet）和皮埃尔·勒韦迪（Pierre Reverdy）。香奈儿曾说，只有巴黎才能让这些人聚在一起，只有在这里，艺术家、贵族和俄国难民才能相互碰撞出火花。"人们不住在奥弗涅，你也不会生活在马拉加或巴塞罗那。"[2]

尽管立体主义（前卫艺术运动的一个流派）诞生于蒙马特，但战后这里已经跟不上时代的步伐，如今住在这个区域的都是吸食鸦片的烟民或妓女。真正的艺术家和自由新潮的人都已经搬去左岸的蒙帕纳斯，他们打扮得与那些平时花钱大手大脚的美国人别无二致。欧内斯特·海明威（Ernest Hemingway）同其他"迷惘的一代"一样，怀揣着希望来到心中的圣地巴黎，寄望于在此治愈战争带来的创伤，他们中的大多数人都是虚无主义者或享乐主义者。在这样的时代背景下，活力四射的巴黎受到17世纪威尼斯面具狂欢节的影响，变成了一座整夜充满鸡尾酒酒会和化装舞会的城市。

然而，香奈儿并没有迷失在这些酒会和舞会中，她说："当我在康朋街的工作室里夜以继日地工作时，我只会在中途短暂地去位于圣奥诺雷市郊路的弗勒斯茶室喝杯茶，其余时间我都没有想要出门的冲动。"但香奈儿也承认："那时的巴黎正处于最奇怪也最辉煌的时期。伦敦和纽约（我并没有说柏林，因为柏林正处于被贬值、饥荒和表现主义萦绕的困境中）正注视着我们。从康朋街到蒙帕纳斯，我见证了圣奥诺雷市郊路的变迁，公主们开起了以名著中角色名字命名的茶店，白俄罗斯人来了，而欧洲则在尽力修缮战后的一切。"[3]

香奈儿很喜欢芭蕾，尤其着迷于俄国芭蕾舞团的演出，她说："你无法想象她们是多么美丽，一旦亲眼看过，你的生活将变得完

1911年的俄国芭蕾舞团节目单，这种异国风情很快便席卷巴黎，并影响了当时的潮流走向

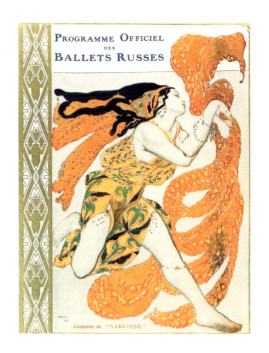

全不同。"[4] 20 世纪初期，俄国芭蕾舞团的到来引起了巴黎对异域风情和东方设计的热爱；紧接着，1917 年的大革命又唤起了俄国设计师对民族传统和艺术的热爱，进而在巴黎掀起了新的浪潮。西尔维亚·里昂（Sylvia Lyon）在专栏中写道："谢尔盖·达基列夫曾说，如果首场演出的观众中有可可·香奈儿和让·谷克多，那么俄国芭蕾舞团的这部芭蕾舞剧就会大获成功。"

　　1917 年 5 月，立体主义芭蕾舞剧《游行》（Parade）上演，该剧由让·谷克多制作，由巴勃罗·毕加索设计布景和服装，巴黎的先锋派评论家声称在这部作品中看到了很多逃避主义的痕迹。1917 年 5 月 18 日，香奈儿身穿红色天鹅绒镶皮草的大衣，手挽鲍伊出现在沙

特雷剧院，并观看了该芭蕾舞剧的首场演出。当晚，香奈儿新潮的
齐耳短发成了时尚创意圈最热门的话题。她还为此编造了一个故事:
在她即将出发去剧院观看演出时，位于加布里埃尔大街的公寓发生了
煤气锅炉爆炸，这场事故烧毁了她的长发，所以她不得不用剪刀剪掉
了长发。香奈儿告诉保罗·莫朗:"每个人都（对我的短发造型）赞
不绝口，他们说我看上去就像'一个小男孩，一个小牧羊人'。"5
1903 年，作家科莱特剪短发的时候也讲过类似的故事，她说自己的
长发不小心被油灯烧坏了——那时人们认为女性剪短发是件非常可耻
的事情，所以她们只能说自己是因为偶然的事故而不得不将长发剪短。

　　《游行》首演的当晚，女演员塞西尔·索雷尔在自己别致的公
寓中举办了一场晚宴，并邀请鲍伊及其设计师女友香奈儿一同出席。
席间，塞西尔也展示了自己全新的短发造型。此外，正是在这次晚
宴上，香奈儿遇到了那个后来让她又爱又恨的女人——米西亚·塞
尔特（Misia Sert）。此后，在米西亚的引荐下，香奈儿认识了很多
当时极具影响力的艺术家。

　　米西亚是当时巴黎最有影响力的女性，原名玛丽亚·戈德斯卡，
1872 年出生于圣彼得堡，是一位杰出的艺术家。皮埃尔·奥古斯
特·雷诺阿（Pierre Auguste Renoir）、亨利·图卢兹-劳特累克
和爱德华·维亚尔（Édouard Vuillard）都曾为她作画，同时她也
是马塞尔·普鲁斯特（Marcel Proust）、克劳德·德彪西（Claude
Debussy）和莫里斯·拉威尔（Maurice Ravel）的缪斯。米西亚
与报业巨子阿尔弗雷德·爱德华兹（Alfred Edwards）有过一段
短暂的婚姻，后来她又嫁给了画家兼雕塑家何塞普-玛丽亚·塞尔
特（José-Maria Sert）。何塞普曾为纽约华尔道夫-阿斯托里亚酒
店的宴会厅以及后来的洛克菲勒中心创作巨幅壁画。正如保罗·莫

朗所说，米西亚是天才们的收集者，而这些天才们似乎都爱上了她。

香奈儿回忆道："以我为例，有时我的朋友会因为我出言不逊而受到伤害，而米西亚则会包容他们的一切。"此外，香奈儿还指出："米西亚最重要的优点是：她从来不会让人觉得无聊，尽管有时候她自己觉得很无聊。虽然她喜欢和我在一起做任何事情，但为了分散她的注意力、激发她的好奇心，我有时还是会编造一些虚假的风流韵事和想象中的激情故事来逗她，而她总会轻易地相信这些故事。"6

根据香奈儿的描述，在 1917 年她和米西亚第一次相见的那个夜晚，米西亚"梳了个像橘子一样的发型，头上还插了一支贝壳形状的发簪"。而米西亚则完全被香奈儿的那件红色天鹅绒外套吸引，晚宴后，她拉住香奈儿并表达了想要借来穿的愿望。米西亚十分欣赏香奈儿的才华，后来多次邀请香奈儿去自己的公寓做客。公寓位于博恩街街角，可以俯瞰塞纳河的美景。米西亚经常在公寓中举办沙龙，她会将龙虾盛在银色大浅盘中来招待客人，还在房间里养了一只蓝色金刚鹦鹉供客人取乐。但在香奈儿眼中，米西亚公寓里的东西杂乱无章，她对那些扇子、装饰品和沙土毫无兴趣。

香奈儿说："当我第一次看到那堆东西的时候，我还以为米西亚是一名古董商。鲍伊也是这么想的，他甚至有些天真地问米西亚：'这些东西都对外出售吗？'那些水缸里的鱼、瓶子里的船……我震惊了。地下室的味道非常难闻；你甚至都找不到一块可以用抹布或清洁剂擦洗的地方；看着那些恐怖的东西，我慌乱极了……米西亚只喜欢珠母贝，可能是出于对花瓶的恋恋不舍吧。她认为的奢侈就是站在大众奢侈的对立面。对米西亚来说，这就像一个跳蚤市场。"7

米西亚将会变成香奈儿最亲密的女性朋友，也将帮助香奈儿融入自由新潮的巴黎。巴黎先锋派人士聚会的主要地点是"屋顶上的牛"酒吧，酒吧地处布瓦西·丹格拉斯路，于 1921 年开始营业。香奈儿几乎每周都至少来这家酒吧一次，同伟大的艺术家和音乐家们聚会。这里也被称为"无所事事酒吧"，酒吧内熙熙攘攘、声音嘈杂，深受让·谷克多、维奥莱特·穆拉特（Violette Murat）和由蒙帕纳斯年轻作曲家组成的"六人团"（Les Six）的喜爱。1923 年 6 月，达基列夫在这家酒吧为斯特拉文斯基的芭蕾舞剧《婚礼》（Les noces）举办首演庆功派对。此外，美国社会名流萨拉（Sara）和杰拉尔德·墨菲（Gerald Murphy）也在这里为斯特拉文斯基举办过一场臭名昭著的聚会。

由埃蒂安·博蒙特（Étienne de Beaumont）伯爵主办的春季服装派对是巴黎上流社会每年关注的焦点。博蒙特的沙龙位于马赛兰街，经常举办名为"巴黎之夜"的活动，这是一场关于舞蹈和哑剧的盛会。组织者一直在努力避免让这样的活动成为"老派"的代名词。[8]

1919 年春季服装派对的主题是"露出你认为身体最有趣的部分"，香奈儿虽然负责其中部分服装的设计工作，但博蒙特伯爵拒绝了米西亚想要邀请香奈儿参加舞会的请求。在伯爵看来，香奈儿就是一个裁缝，他永远不会邀请一个商人来参加舞会。为了表达抗议，米西亚、何塞普和毕加索都拒绝出席那次舞会。然而，随着香奈儿羽翼渐丰，社会地位越来越高，没过几年，她的名望就超越了很多社会名流，这时候反而轮到博蒙特伯爵向香奈儿寻求帮助了。

20 世纪 20 年代，康朋街成了巴黎时尚圈的中心，很多人都在这里开设时装店和香水店，其中包括珍妮·帕奎因、路易·卡地亚（Louis Cartier）、让·帕图（Jean Patou）、查尔斯·弗雷德里克·沃斯等。保罗·莫朗回想起 1921 年他受邀参加新年前夜派对的情景，当时在"屋顶上的牛"酒吧，米西亚突然对一群经过挑选的人宣布"你们

香奈儿最亲密的女性朋友米西亚·塞尔特的单人照，摄于20世纪20年代早期

都被邀请参加香奈儿的沙龙", 然后香奈儿匆忙地在康朋街店铺的试衣间里安排了一场自助餐派对活动, 那是保罗第一次造访香奈儿的沙龙。

在香奈儿之前, 女装设计师往往和裁缝一样, 躲在自己的店铺里, 不参与社交。但是, 香奈儿过着现代生活, 并且十分喜欢同大家分享自己穿衣打扮的习惯、品位和需求。她游走在巴黎的上流社会中, 希望能从这些人脉丰富的人那里获取八卦消息进而把握潮流的最新趋势。正如香奈儿本人所说: "这群高素质的人可以在店铺和外部世界之间充当连接我和这个社会的桥梁。"

1920 年, 已经相恋 12 年的米西亚和何塞普终于决定结婚。而此时的香奈儿继失去鲍伊之后, 又失去了妹妹安托尼特。战争结束后, 巴黎举办了一系列庆祝盟军胜利的庆典活动, 安托尼特和一名加拿大飞行员在一次活动中相识并于 1919 年 11 月完婚。这位飞行员虽然来自一个普通家庭, 但他让安托尼特深信两人的婚后生活将会变得非常富足。然而, 婚后的安托尼特在加拿大过得并不开心, 她甚至写信让香奈儿资助她回法国。香奈儿拒绝了妹妹的请求并建议她坚持下去, 可安托尼特并没有听从姐姐的建议, 而是和一个阿根廷人私奔去了南美, 据说她可能死于西班牙流感, 或者自杀。

为了让香奈儿早日从伤痛中解脱出来, 米西亚和何塞普这对新婚夫妇决定邀请香奈儿参加他们的蜜月旅行。对此, 香奈儿十分感激, 她说: "在我最悲伤的时候是米西亚一直陪伴着我, 她对别人的悲伤非常敏感, 就好像蜜蜂会被某些特定的香味吸引一样。"

在威尼斯时, 香奈儿和米西亚白天去探访古董店, 晚上去沙龙, 有时还会去教堂祷告帮香奈儿寻求精神上的慰藉及平和。威尼斯是一

可可·香奈儿、米西亚·塞尔特和埃莱娜·贝特洛（Hélène Berthelot）在威尼斯的丽都岛晒日光浴，摄于1925年

个可以抚慰人心的地方，而何塞普对艺术的了解和痴迷也让香奈儿对他另眼相看。香奈儿说，何塞普是"一个理想的旅伴"，他会带她们远行，带她们在意大利各地寻找精致的食物、鲜为人知的当地餐馆或有巨型壁画的宫殿。"何塞普生性奢靡，喜欢点名贵的酒和食物，我们的餐桌看上去就像是委罗内塞（Veronese）或帕尔米基阿诺（Parmigiano）笔下的静物画一样。"他甚至还说："不管你们需不需要，我都要再点三份萨芭雍（一种意大利甜点）和黑樱桃酒！"[9]

在鲍伊和黛安娜结婚后，香奈儿搬进了位于德比利码头46号的一楼公寓，在这里可以欣赏塞纳河和特罗卡德罗的美景。这间公

从德比利码头46号处看到的埃菲尔铁塔景致

寓属于米西亚的一位朋友，公寓里有一尊巨大的佛像、黑漆漆的天花板、镶满镜子的门厅以及挂着和服的壁橱。香奈儿雇佣约瑟夫·勒克莱尔作为管家，自此约瑟夫及其妻女跟随香奈儿一起居住了整整15年。[10]然而，当香奈儿结束意大利之旅时，她给巴黎发了份电报，要求管家把她的东西都搬出来。香奈儿表示，"我不想再踏入那间公寓一步。回到巴黎后，我又住进了丽兹酒店。"她在酒店套房的床头柜上放了一个帕多瓦圣安多尼圣殿的复制品模型摆件。因为在那座圣殿里，她遇到一个完全陷入绝望的男人，看着他，香奈儿顿时意识到自己的苦痛在那个男人面前简直不值一提。

在鲍伊去世后，香奈儿在丽兹酒店长期租下一个房间，并搬回了拉米拉奈斯别墅。这栋位于巴黎郊区鲁伊尔的别墅曾经是香奈儿和鲍伊的秘密爱巢，如今却成了她悼念鲍伊的地方，她不仅把自己的房间漆成了黑色，而且把床单和窗帘也都换成了黑色。[11]后来或许是意识到自己的行为过于偏激，香奈儿在1920年3月又搬去了巴黎西郊加尔什地区的贝尔雷斯皮罗别墅。这栋新艺术风格的别墅坐落在安静的阿尔方斯·德·诺伊维尔大街上，隔壁就是伯恩斯坦夫妇的家。其实，这栋别墅曾经属于鲍伊，是他的妻子黛安娜和他们的女儿居住过的地方。从另一个角度来说，也许住在这里可以让香奈儿觉得离鲍伊更近，毕竟在这里她可以把自己想象成鲍伊的妻子。

香奈儿相信"房屋的室内设计可以反映一个人的内心世界"，而她的内心此时正饱受痛苦。无视邻居们的反对，香奈儿把贝尔雷斯皮罗别墅传统的百叶窗涂成了亮黑色，与别墅的米色外墙形成了鲜明的反差——这是典型的香奈儿配色，这种配色也被运用到了房屋内部。整栋别墅变成了一个现代主义风格的避难所，每当香奈儿不在沙龙工作时，她便会躲在这里缅怀故人。

　　1920 年夏天，香奈儿被拍到和伯恩斯坦的小女儿手拉手在别墅门前的小路上散步。在照片中，香奈儿穿着一件自己设计的 1920 年系列运动斗篷，该系列的灵感源自美国基督教青年会的志愿者。此外，香奈儿还有一张跟伯恩斯坦的女儿在别墅花园里的合影，照片中的香奈儿穿着白色的睡衣和睡裤，这对当时的女性来说依然是件很有争议的事情。剧作家亨利·伯恩斯坦也有一张穿着一套白色睡衣的照片，这应该是最早出现的男女同款服装。[12]

　　1920 年 5 月，香奈儿出席了战后第一场由达基列夫和斯特拉文斯基制作的芭蕾舞剧《普尔钦奈拉》（Pulcinella）的巴黎首演。毕加索为这台芭蕾舞剧设计了华丽的服装和舞台布景。这场演出将伊戈尔·斯特拉文斯基推向了巴黎时尚圈，而就是在首演后由波斯王子斐罗兹（Firouz）举办的舞会上，香奈儿经人介绍结识了这位传奇作曲家。1913 年，香奈儿也在臭名昭著的《春之祭》巴黎首演的现场，但那场演出效果太过震撼以致引发了观众骚乱。

　　1920 年夏末，贫困潦倒的斯特拉文斯基带着妻子凯瑟琳和两个孩子返回巴黎，他们一家都饱受病痛的折磨。香奈儿希望能帮助这位不断与生活和命运抗争的艺术家，所以她提出将贝尔雷斯皮罗别墅让给斯特拉文斯基居住，自己则搬去丽兹酒店。1920 年 9 月，斯特拉文斯基一家住进了贝尔雷斯皮罗别墅，9 月 22 日他在别墅给瑞士指挥家欧内斯特·安塞梅（Ernest Ansermet）寄了张明信片，上面写着"最近我的精神状况不佳"[13]。

　　斯特拉文斯基在香奈儿家借住到了 1921 年春季，随后他举家搬去了更温暖的比亚利兹。贝尔雷斯皮罗别墅舒适的居住环境缓解了斯特拉文斯基紧绷的神经，与此同时，香奈儿成了他的赞助人、缪斯和爱人。在这种轻松的氛围下，斯特拉文斯基完成了《弦乐四

从左上角按顺时针方向依次为：伊戈尔·斯特拉文斯基、何塞普-玛丽亚·塞尔特、可可·香奈儿及米西亚·塞尔特，摄于1920年巴黎某博览会

重奏协奏曲》、芭蕾舞剧《婚礼》，以及向克劳德·德彪西致敬的《管乐交响曲》。此外，他还根据数字"5"创作了钢琴曲《五根手指》，这很可能是他基于自己对香奈儿的感情创作的。

香奈儿似乎对俄国人有种莫名的好感，她先是被达基列夫和斯特拉文斯基吸引，后来又迷上了另一位因逃离革命来到法国的俄国英俊贵族。1921 年 2 月，香奈儿在玛特·达维利举办的派对上遇见了德米特里·巴甫洛维奇（Dmitri Pavlovich）大公，他是沙皇亚历山大二世的孙子、沙皇尼古拉的堂弟。与其他流亡法国的罗曼诺夫家族成员一样，德米特里身无分文，他和达维利一起居住在比亚利兹。1920 年夏天，达维利将德米特里介绍给了香奈儿，因为"他的花销对我来说有点大"[14]。虽然德米特里比香奈儿小 11 岁，但香奈儿觉得两人之间是能够产生共鸣的，因为德米特里的母亲（希腊亚历山德拉公主）也在他很小的时候就去世了。

对于流亡法国的俄国贵族，香奈儿曾如此评价道："这些大公爵都一样——他们看上去很了不起，但其实没什么内涵。他们都有绿色的眼睛、修长的手指、宽厚的肩膀，虽然热爱和平，但也胆小怕事，所以他们经常会喝酒壮胆。在他们高大、英俊、雍容华贵的外表背后，什么都没有，只有伏特加和无尽的空虚。"[15]

香奈儿和俄国德米特里·巴甫洛维奇大公，摄于1920年

　　同年春天，德米特里和香奈儿便发展成了恋人关系。香奈儿邀请德米特里来加尔什的别墅同住，德米特里则把罗曼诺夫家族的珍珠和宝石送给香奈儿作为回报，这些是他匆忙逃离俄国时携带的全部财产。香奈儿非常喜欢这些精致的珠宝首饰，特别是其中一条由32 串珍珠组成的项链。此后，她便对链条饰品，尤其是珍珠串、镀金链条和带有十字架的链条产生了深深的喜爱。

　　战争不仅对女性的服装产生了巨大的影响，也影响了富人佩戴珠宝的方式。在如此艰难的时期，人们认为炫耀名贵的珠宝是一种不爱国的行为，转而开始青睐人造珠宝。当然，人造珠宝只是作为一种时尚风格的体现而不是财富的象征。虽然普瓦·波烈和玛德琳·薇欧奈是第一批在服装上使用人造珠宝的设计师，但香奈儿却通过使用树脂玻璃和丙烯酸纤维材料让人造珠宝变得更加时尚和别致。1924 年，香奈儿创办个人珠宝工作室，并由埃蒂安·博蒙特伯爵担任经理。香奈儿的第一个珠宝系列以拜占庭和文艺复兴时期的风格为基础，在巨大的十字架上镶嵌珠宝。但是真正让香奈儿享誉时尚界的设计是人造珍珠串。在 1925 年的巴黎，几乎每个人都戴着香奈儿珍珠或仿制的香奈儿珍珠。这些珍珠闪耀着迷人的光泽，项链的长度随着礼服的剪裁设计而变化，让女性的整体造型看起来更加别致。

《时尚》杂志建议读者佩戴"粉色、蓝色、杏仁色和灰色"的香奈儿大珍珠以确保不会被误认为是真的珍珠。除了项链，香奈儿还用人造珍珠设计了项圈、胸针、耳环等饰品。当俄国芭蕾舞团的首席舞者莉迪亚·索科洛娃（Lydia Sokolova）在芭蕾舞剧《蓝色列车》（*Le Train Bleu*）中佩戴它们后，这些饰品也变得流行起来。1926 年，香奈儿还开创了佩戴不对称耳环的先河——一只是黑色珍珠，另一只则是白色珍珠。

香奈儿打破了珠宝首饰的传统佩戴方式，她喜欢白天把它们都收起来，晚上再拿出来跟晚装精心搭配。香奈儿对海德里希说："没有什么比分不清简约和贫穷更愚蠢的事了。我很纳闷，一件用上等的布料裁剪、奢侈的线缝制、精心制作的衣服怎么可能会让人觉得穷酸呢？再搭配上我设计的流行配饰，如长项链、宝石、胸针等，女性一定会看上去魅力倍增。同时，这些配饰又很便宜，因为它们采用的都是人造材料。多亏了我，那些女人才可以像百万富翁一样走来走去。"[16]

1921 年初，俄国芭蕾舞团开始在西班牙巡演，斯特拉文斯基向香奈儿发出邀约，希望两人能在西班牙会面。然而，香奈儿却买了辆新的劳斯莱斯银云敞篷车，载着德米特里从巴黎出发前往法国南部度假，他们一路游山玩水，有时出现在可以远眺里维埃拉海岸线的山间村落中，有时又出现在曲折蜿蜒的小路上。在返回巴黎的途中，他们还路过了鲍伊发生车祸的地点，那里有一个香奈儿秘密委托放置的十字架作为标记。随后，他们又驾车穿过普罗旺斯省的艾克斯，绕道前往维希，游览香奈儿少年时待过的地方，如奥巴辛修道院。[17]

当米西亚发现香奈儿和德米特里约会后，她抑制不住内心的激愤并立即给远在西班牙的斯特拉文斯基发了封电报，电报上写道：“香奈儿就是一个导购小姐，比起艺术家她更喜欢大公爵。”得知电报内容后，香奈儿觉得自己遭到了背叛，因此在很长一段时间里都拒绝同米西亚来往。这件事也标志着香奈儿与斯特拉文斯基之间恋情的终结，不过，两人还是保持着朋友的关系，香奈儿依旧充当着赞助人的角色，持续为斯特拉文斯基提供经济上的支持。[18]

除了情感上的纠葛，香奈儿还在自己的时装店里聘用了一批俄国贵族，如克里米亚的库图佐夫（Koutousov）伯爵就是香奈儿的首席接待员。此外，很多导购小姐、模特和裁缝也都是俄国女性。对此，香奈儿回应道：“虽然我雇用了一些俄国贵族，但我时常会对这些皇室成员的境遇感到遗憾。当他们能很好地完成工作时，我感到很悲伤；当他们无法完成工作时，我觉得更加难过。我从不否认，俄国人让我着迷。其实，每个奥弗涅人的心里都住着一个不为人知的东方灵魂，而正是俄国人让我发现了我内心的东方情怀。”[19]

与德米特里的恋情为香奈儿的设计注入了浓郁的斯拉夫风情，而这份感情也体现在了香奈儿 1927 年发售的香水“俄罗斯皮革”中。德米特里的姐姐玛丽亚·帕夫洛夫娜（Marie Pavlovna）公爵夫人也在香奈儿的俄国系列设计中扮演了重要角色。1921 年秋天，玛丽亚和香奈儿在巴黎相识，她敏锐的商业头脑给香奈儿留下了深刻的印象。据香奈儿回忆，"她那时刚从法罗群岛引进了一批彩色毛衣，并试图将毛衣上的设计运用到丝绸衬衣的刺绣上"。

有一天，当玛丽亚正在康朋街沙龙做客时，她不经意间听到刺绣工巴塔耶（Bataille）夫人就深红色双绉衬衣上的刺绣费用问题与香奈儿发生争执，而香奈儿拒绝在价格上妥协。巴塔耶夫人走后，玛丽亚提出她可以按照香奈儿的报价提供刺绣服务。随后，玛丽亚花了一个月在巴黎一间破败不堪的工作室里学习如何用机器刺绣。1922年1月，玛丽亚创立了基特米尔公司并开始经营自己的刺绣生意。她根据记忆中在祖国见过的图案和花纹制作刺绣，并把这些面料卖给香奈儿。直至今日，香奈儿俄国系列服装中的刺绣设计仍然是玛丽亚事业的巅峰之作，这反映了第一次世界大战后人们对异国情调的喜爱。

受到斯拉夫文化的影响，香奈儿在1922年设计的服装系列中大量地使用了天鹅绒面料及民俗刺绣工艺，并从俄国服饰中汲取灵感，如黑色收腰双绉衬衣的版型便借鉴了俄国农民的着装，而条纹贴身上衣和水手夹克的灵感则源自俄国军队制服和多维尔轻骑兵皮草制服。1922年3月，英国版《时尚》杂志刊文写道："香奈儿通过使用俄国和巴尔干半岛的刺绣工艺让黑色双绉衬衣充满了东方韵味。"[20]

随着合作的展开，香奈儿与玛丽亚的关系逐渐变得亲近起来。香奈儿亲自操刀为玛丽亚改造个人形象，她极力劝说玛丽亚减肥，有一天甚至直接带着剪刀去给玛丽亚剪发。对此，玛丽亚在自传中写道："在我还没有反应过来她要干什么的时候，她已经拔出我的发簪，拿起剪刀，剪掉了我的一头长发。"

同样是在1922年，香奈儿开启了一段新的恋情，对象是诗人皮埃尔·勒韦迪，他是毕加索的朋友，也是第一次世界大战前就聚集在蒙马特的艺术家之一。此前,勒韦迪自费出版过一本诗集,但却几乎无人问津。米西亚是勒韦迪的忠实读者,不仅购买了他的诗集,还资助他创办了文学期刊《北方—南方》(Nord-Sud),该杂志以从蒙马特到蒙帕纳斯的地铁线命名,向世人介绍了立体主义和达达主义的代表人物,并配以费尔南·莱热(Fernand Léger)、乔治·布拉克(Georges Braque)、胡安·格里斯(Juan Gris)和安德烈·德兰(André Derain)等人绘制的插画。

勒韦迪和香奈儿一样出生于法国乡村,他的父亲是法国南部朗格多克地区的酿酒师,因此勒韦迪身上总是散发着质朴的南方气息,这让香奈儿感到十分亲切。此外,勒韦迪经常会把自己的签名书籍赠予香奈儿,其中不乏稀有的首版图书,而香奈儿就用这些书来装点她的书架,她说:"书籍一直都是我最好的朋友。收音机就是一个充满谎言的盒子,而每一本书都是宝藏。"[21]

然而,这段看似美好的恋情背后却隐藏着巨大的危机。尽管勒韦迪很喜欢香奈儿,但其实他早已与裁缝亨利埃塔(Henriette)结婚。亨利埃塔是一位好妻子,她与丈夫识于微时,并帮助丈夫装订了第一本诗集,后来即使丈夫与香奈儿同居,她依然守在蒙马特的公寓里等待丈夫回心转意。作为一个典型的悲观主义者,勒韦迪对自己的婚外情行为感到羞愧,在内心深处对独居的渴望下,他于 1925年进入索列米斯圣皮埃尔修道院成为一名修士,而妻子亨利埃塔也追随他进入附近的一所女子修道院成为一名修女。虽然以这种方式失去勒韦迪让香奈儿感到非常伤心,但两人私下依旧保持着联系。勒韦迪还帮香奈儿写过一些箴言,如香奈儿 1938 年在法国版《时尚》杂志上说的:"女性会因为一个微笑而倾其所有,但也会因为一滴眼泪而收回一切。"

香奈儿在圣奥诺雷市郊路29
号公寓的后门露台展示自己设
计的褶皱裙和开襟外套，摄于
1929年

1923年，著名的香奈儿迎来了她的40岁。这一年，她从丽兹酒店搬走，并与洛赞酒店签订了联排别墅一楼公寓的长期租约。该联排别墅始建于18世纪，位于圣奥诺雷市郊路29号，所有者是住在香奈儿楼上的皮耶特－威尔（Pillet-Will）伯爵。巴黎的很多顶级设计师都在这条著名的大街上开设了自己的工作室。此外，别墅门前有一个大花园，可以直接通往香奈儿和鲍伊曾经居住的加布里埃尔大街。《纽约时报》形容香奈儿的公寓为"一座历史悠久且鼎鼎大名的18世纪老宅。很多有名望的巴黎人都曾在这里居住，如今这里更名为蒙巴松查伯特酒店。宅子里的花园甚至比外面那片延伸至加布里埃尔大街的花园还要漂亮"[22]。

香奈儿的新公寓与罗斯柴尔德家和英国大使馆相邻，离著名的行际盟友联盟俱乐部很近，同加布里埃尔大街的大使夜总会也只有一墙之隔。这片区域是人们前往大使夜总会的必经之路。英国周刊《旁观者》（*The Bystander*）曾写道，在香奈儿的先锋时尚圈里有个心照不宣的大胆设想，"如果有人从大使夜总会的后门或英国大使馆闯入香奈儿的家，那将是一件非常刺激的事情。但因为香奈儿只喜欢聪明的人，至少是会写诗的人，所以闯入者很可能会被痛打一顿"。

这套位于圣奥诺雷市郊路的公寓，装修充分体现了巴黎的优雅风尚，香奈儿也在这里把自己打造成了世界上最具魅力的女性。尽管香奈儿并不喜欢米西亚凌乱的风格，以及她那个"总有一堆东西"的家，但她还是请米西亚和何塞普帮助装修她的公寓。实际上，这套公寓在19世纪时已经进行过室内翻新，不过，香奈儿不喜欢翻新后饰有镀金镶板的绿色墙壁，所以在这次装修时，她把墙壁都涂成了浅色并饰以华丽的落地镜。

经过香奈儿改造的公寓融合了现代主义、文艺复兴、路易十四时期及东方异域的风格，充满了20世纪20年代的特点。在选择内饰时，香奈儿一如既往地喜欢黑色、米色和金色，以及亮晶晶的、可以反射光的小东西。20世纪20年代，保罗·莫朗造访香奈儿公寓时，香奈儿曾这样介绍道："公寓里到处铺着定制的地毯，这些奢华的地毯与上等雪茄'科罗拉多·克拉罗'有着相同的颜色，它们闪耀着丝绸般的光泽。棕色的天鹅绒窗帘上垂挂着金色的编织物，就好像裹着黄色丝绸的温斯顿小冠冕一样。尽管我从来不考虑价格，但我的朋友们不能忍受，在装修这套公寓时，米西亚绝望得都快把头发薅掉了。"[23]

公寓充分体现了香奈儿的审美品位：室内的隔断是香奈儿最爱的科罗曼德屏风；古董椅子套上了米色绸缎制成的椅套；各个房间里都有舒适的沙发，其中包括一个橙色的天鹅绒大沙发；边桌上有几盏水晶球灯，外面套着羊皮纸灯罩；古朴典雅的书房里铺着厚厚的老式地毯，摆放着各式米色家具、同米西亚去意大利旅行时购买的大理石躯干雕塑，以及一个用原木打造的书架，书架上放满了各种稀有的书籍。

香奈儿卧室的墙上镶着巨大的镜子，房间里还摆放着科罗曼德屏风及一面镶嵌着水晶花的巨型威尼斯镜子。香奈儿的床上罩着奶油色的丝绸帘子，铺着深色的皮毛制品，天花板上悬挂着一盏水晶吊灯。香奈儿的仰慕者常会私下贿赂女仆，希望能有机会一窥香奈儿的卧室，莫里斯·德·罗斯柴尔德（Maurice de Rothschild）就曾表示："我想看看她睡在哪里。"出人意料的是，香奈儿的卧室里空荡荡的，没有过多的装饰和摆设，她的床铺十分整洁，被子下面铺着质朴的白色棉质床单。[24]

关于公寓的设计灵感，香奈儿解释道："人们总说公寓的奢华装修风格源自我在英国时的见闻，但实际上那是错误的。我第一次接触到这种风格是在伊索尔的伯父家里，我一直都记得那些'历经岁月打磨的'精致的奥弗涅家具，它们由农村的上等深色木材制成，如色泽圆润、有褐色纹理的黑樱桃木和梨木等，让人不禁联想到西班牙的祭器桌（教堂内用于放置祭器的桌子）或弗拉芒地区的餐具柜。此外，我对伯父家中有着玑镂底座的布勒钟，以及橱柜中被衣服压弯的架子也印象深刻。我曾经以为自己的童年生活很普通，现在我才意识到那时的生活是多么奢侈。在奥弗涅，所有的东西都很真实而且很大。"[25]

圣奥诺雷市郊路29号的香奈儿公寓内景

　　为了将圣奥诺雷市郊路的公寓打造成一座适合举办各种娱乐活动的宫殿，香奈儿忠实的管家约瑟夫雇用了一个厨子及一些仆人。这是香奈儿一生中最致力于社交活动的时期，她喜欢在各种美妙、时尚的派对上扮演女主人的角色。香奈儿举办派对的理由五花八门，如为了庆祝俄国芭蕾舞团巡演结束等，她会邀请巴黎的社会精英及先锋艺术家们出席派对，点亮花园里的灯笼并用上等的香槟酒和鱼子酱来招待这些尊贵的客人。有一次，她甚至在花园里安排了爵士乐队现场演奏，并邀请了非裔美籍歌手弗洛伦斯·米尔斯（Florence Mills）和黑鸟乐队前来演出。入夜后，斯特拉文斯基、达基列夫和俄国芭蕾舞团的钢琴家们时常会轮番上场，用大三角钢琴演奏乐曲，这架钢琴是香奈儿为这套公寓购置的首批家具之一。隔三岔五的派对让住在楼上的威尔伯爵饱受噪音的困扰，后来经过双方协定，威尔伯爵同意搬走，但香奈儿需要向他支付整栋联排别墅的租赁费用。[26]

　　在这套公寓里，香奈儿还为毕加索预留了一个房间，因为毕加索不喜欢住在自己的别墅里，他更喜欢城市的喧嚣和市井的气息。1918 年毕加索结婚时，香奈儿是少数受邀参加婚礼的宾客之一。在婚礼上，毕加索的妻子鸥嘉（Olga）穿着香奈儿设计的白色缎面薄纱礼服闪亮登场，谷克多形容这件礼服"颇具比亚利兹的特色"。虽然香奈儿和毕加索是相识多年的好友，但香奈儿对毕加索非常畏惧，并声称："他很古怪，让我充满恐惧，在他面前我就像是被老鹰盯着的猎物。我甚至不用眼睛看就可以感觉到他是否在附近。因为每当我心里发毛时，我就知道他来了。"[27]

　　20 世纪 20 年代，香奈儿的设计风格逐渐成形，她成了那个时代的"时装女王"，引领了当时的女性服饰潮流。然而，除了鲜花和掌声，香奈儿也遭到了不少同行的抨击，如普瓦·波烈就曾评论道："香奈儿发明了什么？她发明了贫穷式的奢华。以前的女性虽然穿着繁复，但都打扮得花枝招展，非常美丽，但你看看现在的女性，她们看起来就像是一群营养不良的电报员。"

这十年间，女性裙摆的长度起起落落，但香奈儿的服装始终将裙摆保持在膝盖高度的位置。这种长度的裙子非常适合追求自由的新时代女性，她们热情活泼，会故意晒黑皮肤，也会尽情舞蹈。1921 年，香奈儿在时尚圈掀起了一股"男孩子风潮"，一时间运动毛衣、低腰短褶裙、俏丽的短发及女式钟形帽成了新时代女性的标配。对此，博尼·德·卡斯特拉内（Boni de Castellane）侯爵评论道："女性已经不复存在，现在看到的都是由香奈儿创造的假小子。"1923 年 3 月，《时尚》杂志也刊文称："香奈儿现在非常有名，因为她设计出了充满朝气的短裙，这种版型的衣服成了无数时尚女性衣橱的必备品。"

实际上，"男孩子风潮"的造型很难驾驭。《时尚》杂志称，为了呈现出理想的苗条身材，很多女性都会去健身房锻炼、服用药物或穿橡胶塑身衣。换言之，尽管香奈儿开启了抛弃塑身衣的潮流，但却对女性的身材提出了更高的要求。香奈儿的衣服日常保养费用很高，但她的设计非常实用，比如方便穿脱的旅行大衣，上面缝制着可以放很多东西的大口袋；比如开衫式毛衣，衣服的前襟上有四个纽扣，这样穿衣者就能轻松地扣上衣服；又比如可折叠的帽子，旅行时可以轻易地被收入行李箱中同时又不会占用过多的空间。[28]

在这一时期，除了"男孩子风潮"，香奈儿还设计出了自己的标志性元素——山茶花。山茶花最初很可能是在 1922 年的一件衬衣上以刺绣的形式出现的，后来被用作布料的基础装饰图案。提到山茶花，人们总会不禁联想到风月场所，以及香奈儿小时候很爱看的小说《茶花女》，它代表着一个名花无主、渴望爱情的

雅库尔侯爵夫人穿着香奈儿羊毛连衣裙和配套的外衣在比亚利兹，乔治·霍宁根-休尼（George Hoyningen-Huene），摄于1927年

女演员艾娜·克莱尔（Ina Claire）穿着香奈儿运动系列的人字花呢裙和毛衣，《时尚》杂志，摄于1924年

女性。香奈儿曾说："在美国，人们总会在晚宴前送我一些可以佩戴的兰花，我习惯把它们放进冰盒里保存，因为我无法接受将逐渐枯萎的花别在身上。如果某些场合必须佩戴花朵，那我一定会选择人造的假花。"

　　1923 年，米色和红色成了香奈儿最喜欢的配色。这种配色经常被她用在一些几何图案的设计中，同时也被大量运用在室内装潢上。香奈儿称："我很喜欢米色，因为这就是自然的颜色，无须额外染色。而红色是我们血液的颜色，它充斥在我们身体的各个角落，所以在衣服上只需要有一点红色作为点缀就足够了。"香奈儿会在米色、

左上图：带披肩的绉绸晚装，制作于1927年

右上图：舞蹈家德西里·卢博夫斯卡（Desiree Lubovska）穿着香奈儿方形低领亮片多层连衣裙，《时尚》杂志，摄于1925年

右下图：晚礼服，丝绸天鹅绒面料上镶嵌着水钻和玻璃珠，制作于1926年

左下图：马里恩·莫雷豪斯（Marion Morehouse）穿着香奈儿白色绉绸连衣裙，上身是紧身衣搭配真丝流苏的设计，《时尚》杂志，摄于1926年

玫瑰粉和紫红色的晚礼服上用山茶花胸针或丝绸绢花加以装饰，起到画龙点睛的作用。除了这些颜色，她喜欢的颜色还有深绿色、灰色、海军蓝、白色和黑色。

1925 年，世界博览会在巴黎举办，集中展示了近五年来种种极具创意的现代主义和波希米亚思潮的作品，全新的装饰艺术运动更让巴黎成了设计、爵士乐和娱乐的中心。博览会上法国展馆的吸烟室让人眼前一亮，室内涂满黑漆，并配有充满异域风情的红色和银色装饰。这种黑色与橙色、红色和金属色的碰撞产生了令人震撼的视觉效果，同时宣告了东方主义装饰艺术风潮的兴起。

1926 年，香奈儿的小黑裙已成为时尚女性衣橱中的必备单品。称之为"小黑裙"是因为这款裙子非常朴素。1926 年 10 月，美国版《时尚》杂志将小黑裙誉为时尚界的福特汽车，而后者是 20 世纪最具革命性的产品。文章写道："这款全世界都想拥有的香奈儿'福特'裙是黑色双绉款式，代号为'817'。连衣裙上半身的正面和侧面都是宽松的样式，背面则是紧身的，全身最别致的地方在于胸前交叉的细褶装饰。这款衣服由萨克斯第五大道百货公司负责引进。"根据《时尚》杂志的配图，这是一套简单的、有细长袖的黑色双绉套裙，模特佩戴的白色珍珠项链好像是被画在黑色画布上似的。这款套裙的设计可以让女性自由决定自己想要的版型样式，而不是被千篇一律地挤压成相同的外形。[29]

小黑裙一经问世就引起了热烈的反响，不过，这并不是香奈儿首次在服装设计中使用黑色，早在 1917 年她就开始在设计中加入黑色。香奈儿非常喜欢黑色和白色的反差，以及黑色和米色的碰撞，也许是因为这类配色能让她想起修道院的制服，或小时候每天穿梭的长廊。她告诉保罗·莫朗："女人总是不喜欢黑色和白色这样的基本色调，她们想要各种颜色丰富的衣服。但我却觉得黑色和白色就是一切，它

巴黎的旺多姆广场

们的美丽无可比拟，而且这两种颜色非常百搭。在一场舞会中，你只会注意到那些穿着黑裙或白裙的女士。"[30]

香奈儿声称："在我之前，没有人敢穿一身黑衣。"直到现在，黑色依然被认为是代表哀悼的颜色，不论在白天还是晚上，穿一身黑色的衣服都很引人注目。鲍伊去世后，香奈儿把家改装成一个悬挂黑色百叶窗的纪念堂，但是她极力否认自己是因为过度伤心绝望才在时装中使用黑色的传闻。"艾尔莎·麦克斯韦（Elsa Maxwell）在纽约的一家报纸上刊文称，我因为没有同鲍伊结婚而无法为他服丧，所以才想让全世界都穿黑色的衣服。她的思想是多么狭隘啊。"[31]

根据香奈儿本人的叙述，在1920年的某一天，她去歌剧院参加了一场名为"小白船舞会"的慈善活动，当她从阳台上俯视一群穿着艳丽的女性时，她首次产生了要做黑色服装的想法。她跟朋友说："那些颜色简直太让人难以忍受了。如果是我，我绝对会让她们穿上黑色的衣服！所以我开始在服装设计中使用黑色……刹那间，其他颜色都黯然失色……"[32]

很快，黑色成了雅致的代名词。从1926年起，香奈儿的日间服装均由羊毛或马洛坎面料制成，而晚装则使用天鹅绒和绸缎制作。她在黑色的蕾丝连衣裙上添加精致的米色或金属色刺绣，然后再根据整体造型搭配金色蕾丝、绿松石或珊瑚珠串作为点缀，简单优雅的黑色与香奈儿的人造珠宝完美地融合在了一起。香奈儿说："在那五年中有四年我都只制作黑色的衣服，虽然除了白色的衣领和袖口，这些衣服简洁得没有其他多余的装饰，但它们的销量都非常好。人人都爱这样的衣服，包括演员、上流社会的女士，甚至女佣。"[33]

香奈儿虽然忙于工作，疲于经营生意，但她对朋友们提出的请求几乎有求必应。1922年，让·谷克多决定改编《安提戈涅》（*Antigone*），邀请毕加索为该剧设计舞台布景，同时邀请香奈儿设计服装。这让香奈儿受宠若惊，尽管她被视作近十年来最才华横溢的设计师，但直到此时她才真正觉得自己的设计理念被先锋艺术家们接受了。后来，谈及选择香奈儿的原因，谷克多表示："香奈儿是我们这个年代最伟大的女装设计师，我无法

1926年版小黑裙，被《时尚》杂志誉为时尚界的福特汽车

想象俄狄浦斯的女儿们穿着简陋的服饰出现在舞台上。"

1924年，香奈儿和谷克多、毕加索、让·雨果（Jean Hugo）等人合作，为先锋派舞剧《巴黎之夜》（*Les Soirées de Paris*）设计服装。此后，香奈儿又应谷克多之邀为1926年版的《俄耳浦斯》（*Orpheus*）设计剧服。此外，香奈儿还出资赞助了1927年版的《俄狄浦斯王》（*Oedipus Rex*，由达基列夫和斯特拉文斯基制作）。

此时的香奈儿俨然已经成了巴黎的代名词，只要说到巴黎，人们首先就会想起香奈儿。香奈儿曾说："一个国家的流行趋势可以直接反映当地人民的生活和穿着方式。但是在巴黎，每个男人都在尽可能地阻止法国女性采用法式穿衣风格。"差不多在这一时期，香奈儿结识了威斯敏斯特公爵，当时欧洲最富有的男人。此后，受到公爵的影响，香奈儿逐渐开始在设计中引入其他元素。

香奈儿及其心爱的科罗曼德屏风，这些屏风展现了她的室内装修风格，摄于1937年

第四章：康朋街

我此前没有买过屏风。
当然，外省也很少有屏风，我就从未见过类似的东西……

地点： 巴黎
时间： 1918 ~ 1971 年

1918 年底，可可·香奈儿租下了康朋街 31 号，这一次她的身份不再是女帽商，而是一名女装设计师。这栋建筑物共有四层，被香奈儿精心地分隔成了精品时装店、工作室、用来招待高级客户的沙龙及私人公寓几个区域。其中，香奈儿的私人公寓又被分为三个空间，分别是宴会厅、起居室及餐厅。后来，香奈儿还开辟出了一间镶满镜子的浴室。康朋街 31 号的空气中弥漫着香奈儿五号香水的芬芳和烟草的气息，巴黎的权贵纷至沓来，渴望在此结识香奈儿并体验她的时尚风格。

香奈儿在康朋街有多处房产，除了 31 号，还有最初的 21 号以及后来被用作工作室的 27 号和 29 号。1929 年，香奈儿在康朋街开了一家配饰精品店来销售围巾、羊毛帽、香水及一系列美容产品。这些产品包括 1927 年推出的红色唇膏和面霜、1932 年推出的美黑乳液等。[1]

私人公寓的室内装饰一如既往地体现了香奈儿自由新潮的品位，屋内放满了对她来说意义非凡的物件，如科罗曼德屏风、路易十四时期的家具、18 世纪的威尼斯镜子、代表纯洁和光明的烟水晶和紫水晶、用木头或雪花石膏雕刻的动物（包括与实物大小相仿的鹿和青铜狮子）、塞满各种珍贵书籍的书架、蒙古陨石、圣母和圣

香奈儿在康朋街31号的公寓中，摄于20世纪50年代晚期

由巴卡拉公司设计并制作的烟水晶吊灯，制作于1921年

婴的雕像等。公寓的主色调依然是米色，墙上挂着金色的彩绘丝绸，地上铺着奢华的米色地毯并摆放着舒适的米色沙发，丝毫不会让人觉得沉闷，反而看起来十分温馨。此外，香奈儿还会根据自己的喜好，在精品店和公寓的花瓶里插满白色的百合花和晚香玉。

透过康朋街 31 号的室内设计，我们可以看到香奈儿早期在加布里埃尔大街的公寓的装修风格。在那里，香奈儿和鲍伊共同度过了美好的恋爱时光，这段记忆是如此美妙，以至于此后香奈儿在巴黎的所有房子都采用了类似的装修风格。最初，是鲍伊让香奈儿爱上了科罗曼德屏风、白色的花、塞满书的书架及中式家具，后来，在米西亚及何塞普的影响下，香奈儿渐渐地把对鲍伊及其相关事物的迷恋与其他元素融合在一起，如威尼斯小雕塑及巴洛克式的墙壁。有时，香奈儿

会把科罗曼德屏风拆开，改造
成低矮的咖啡桌，或作为装饰
画贴在门厅的墙壁上。

　　1921 年，香奈儿又定制
了一盏水晶吊灯，吊灯上不仅
有用烟水晶和紫水晶组成的水
果和花卉图案，还有金属数字
"5"、代表鲍伊的大写字母"B"
及代表可可·香奈儿的大写字
母"C"。此外，香奈儿还在
威尼斯购买了一些镜子并将其
带回公寓作为装饰，这些镜子
后来被证实曾是塞维利亚教堂
的珍宝。她把偶然得到的陨石

小麦是香奈儿家的重要装饰主题，这张咖啡桌的
底座是用黄铜仿照捆在一起的小麦形状制成的，
花瓶中还插着干麦鞘

放在一块大理石上，又在壁炉台上摆放了一座公元 5 世纪的希腊大
理石人体躯干雕塑，在路易十四时期镜子的反射下，雕塑看上去被
放大了不止一倍。壁炉的两侧是意大利巴洛克风格的细木护壁板。

　　香奈儿相信成双成对的摆件会给她带来好运，所以她在康朋街
的米色沙发后放了两匹马、两头骆驼和两只青蛙的雕塑。在同米西
亚及何塞普一起去威尼斯度假的途中，香奈儿看到了很多狮子的元
素，正是这种标志帮助她从鲍伊去世的打击中恢复过来。因此，在
香奈儿的公寓中，狮子的形象也随处可见，沙发旁的咖啡桌上放着
一对金色的狮子摆件。此外，公寓中还有一座由珠宝商罗伯特·古
森斯（Robert Goossens）制作的三狮底座，底座上摆放着一颗水
晶球。

香奈儿生活中的另一个标志性元素是小麦，因为这不仅会让她想起自己的父亲，同时也代表着丰收。她每年都会在花瓶中插入新鲜的麦鞘和麦穗，此外，她还收藏用青铜、木头或水晶石制成的小麦形状的装饰物。甚至当萨尔瓦多·达利（Salvador Dalí）提出要为她作画时，香奈儿也提出要以麦鞘为主题。于是，达利在纯黑的画布上描绘出了一支麦穗，这幅画如今就挂在香奈儿康朋街米色沙发后面的书架旁。

随着时间的流逝，康朋街的公寓中也陆续添置了一些新的物件，有些来自法国里维埃拉的拉帕萨别墅，有些则来自圣奥诺雷市郊路的公寓。但毫无疑问，放置在康朋街的物品一直都是香奈儿最珍惜的，如陨石、皮埃尔·勒韦迪的书，以及所有能让她缅怀鲍伊的东西。

正如马赛尔·海德里希所描述的，香奈儿在康朋街的公寓给人一种身处魔幻空间的感觉，或者说就像一个"阿里巴巴的洞穴"。在海德里希的笔下，这套公寓看上去就像是"拜占庭和中国的皇宫，抑或是托勒密王朝时期的埃及官殿"。壁炉上方的镜子里倒映着一尊 4 世纪希腊风格的阿佛洛狄忒雕像，旁边放着栩栩如生的野猪雕塑以及一块几千年前掉落在蒙古的陨石。这些物件看似杂乱无章，却是香奈儿经过精心设计后，错落有致地摆放在一起的。[2]

1931 年，美国记者珍娜·福兰纳为《纽约客》杂志撰写了一篇关于香奈儿的短篇报道，在报道中她是这样描述康朋街的："当其他店铺沉迷于使用挂毯和艺术品作为装饰，为买家提供鸡尾酒并雇佣时装模特在展台上展示他们的产品时，康朋街 31 号看起来似乎有些格格不入，它既不像博物馆，也不像酒吧，更不像演出时事讽刺剧的剧场舞台。它，正如你所见，就是一家店铺，虽然外表看着窗明几净、奢华靓丽，但仍然只是一家商店。不过，当你打开店门时，你会惊讶地发现楼上和玻璃门的背后隐藏着一个拥挤不堪的'养兔

场'，这里有像开瓶器一样的螺旋楼梯、令人眼花缭乱的走廊及结满雾气的门板。"³

香奈儿装满镜子的沙龙给人一种无边无际的感觉，这个充满现代感的地方，不仅时尚、实用，还体现了装饰的艺术性。1928 年，香奈儿在一楼店铺及其私人公寓安装了镜面楼梯，这为沙龙的客人提供了多方位的视角，女性顾客只要坐着就可以欣赏到香奈儿的倩影，以及自己穿着香奈儿礼服的样子。后来，香奈儿曾向朋友克劳德·迪蕾（Claude Delay）倾诉："我在楼梯上度过了自己的一生。"沙龙里的这些楼梯或许让香奈儿想起了奥巴辛的那些石阶。

20 世纪 20 年代，楼梯建成后，在巴黎求学的贝蒂娜·巴拉德（Bettina Ballard，后成为《时尚》杂志的主编）曾前往康朋街 31 号应聘模特，希望可以借此赚点零花钱。据她回忆："有一天，《巴黎先驱报》（Paris Herald）刊登了一则香奈儿正在招聘美国籍时装模特的广告。看到广告后，我欣喜若狂，立刻戴上帽子前往康朋街应聘……但当我走到香奈儿镜面楼梯的尽头时，我的内心变得非常忐忑。身穿黑色连衣裙的女店员们抱着一堆衣服四处奔走，我甚至无法拦住其中一个人告诉她我此行的目的。装有大型科罗曼德屏风的沙龙里挤满了顾客，他们看着身穿低胸及膝礼服的俄国模特以一种无聊散漫的方式走来走去。空气中似乎有百万朵栀子花盛开的味道。但奇怪的是，远远望去，这里显得宽敞极了。"⁴

最终，巴拉德并没有如愿成为香奈儿的模特，但在 30 多岁时，她成了《时尚》杂志法国分部的编辑，因此经常拜访香奈儿。巴拉德对康朋街 31 号楼上的香奈儿私人公寓印象深刻，她说："这套公寓藏在高高的科罗曼德屏风之后，四处环绕着雕花的镀金木头。这里有快堆到天花板的书籍、青铜的狮子、用玉石或赤陶制成的各种动物模型及盖着米色仿麂皮的家具。壁炉中燃烧着的木头，混合着

第88~89页跨页图：香奈儿站在康朋街31号沙龙的镜面楼梯上，这里是她举办时装秀的场所

本页图：康朋街公寓中的沙发是香奈儿放松和娱乐的地方

室内的金色、青铜色及米色，为香奈儿淡黑色的眼睛增添了一抹耀眼的光芒……香奈儿每年都会添置一些新的珍宝，此外她还买了很多眼镜，这样无论她站在哪里都可以随时拿起一副眼镜戴上。我喜欢这套公寓，即使香奈儿不在，我也能从中感受到她的气息——这里充满了她的声音、气味及生活的痕迹。"[5]

康朋街 31 号为香奈儿提供了无数的灵感。当香奈儿放松地坐在康朋街客厅的米色麂皮沙发上，看着眼前壁炉中的柔光时，她的脑海中总会浮现出各种奇思妙想。所以，在设计珠宝首饰时，香奈儿通常会先找一个舒服的坐姿，然后开始把玩放在咖啡桌上的各种宝石，这张桌子就是用拆开的科罗曼德屏风拼成的。香奈儿会把宝石放进一个柔软的塑料模具中，将天然宝石和人造宝石搭配在一起，

香奈儿在私人公寓的照片，公寓里摆放着五花八门的东西，包括阿佛洛狄忒的雕像、壁炉上的木化石、一对小鹿等，摄于1956年

研究整体的视觉效果。她常用的宝石有泰国红宝石、被她称为"黄金水"的黄玉、铅制玻璃及蓝宝石。[6]

　　香奈儿说："我在沙发上度过了最美好的旅程。"她虽然喜欢逃离现实，但并不喜欢旅行。然而，香奈儿发现只要躺在自己家的沙发上，就可以神游去遥远的地方，房间里的物品会让她联想到那些去过的地方和深深影响过她的人。

漫画家塞姆（本名为乔治·古萨特）为香奈儿五号香水绘制的插画，绘于1921年

第五章：成功的气息

女性常会使用别人送的香水，但其实应该使用适合自己、属于自己的香水。

如果我不小心在某个地方落了件外套，别人一定会（根据香气）知道那是我的外套。

地点： 格拉斯
时间： 1920 年

尽管香奈儿五号香水现在被推崇为高雅品位的象征，但是在 20 世纪 20 年代，它却被认为是属于摩登女郎的味道。这些摩登女郎跳着查尔斯顿舞、喝着鸡尾酒，尽情地拥抱着前沿时尚，她们十分欣赏香奈儿的短发造型、她开创性的时尚风格、她的爱人及她的生活方式。可以说，当时的香奈儿成了摩登女郎争相效仿的对象，而香奈儿五号正是属于她的香气。漫画家塞姆在为这款香水创作的插画中细致地描绘了一名 20 世纪 20 年代的现代女性渴望拥有一瓶香奈儿五号香水的神态。[1]

香奈儿一直想要设计一款专属于自己的、独一无二的香水，但直到 1920 年她在蒙特卡洛遇到了调香师恩尼斯·鲍（Ernest Beaux），这个愿望才得以实现。鲍出生于俄罗斯的首都莫斯科，父亲是法国人。鲍起初在俄罗斯的拉莱香水公司担任调香师，后来因为 1918 年爆发的大革命不得不移居法国，并在法国的香水之都格拉斯建立了一间香水实验室，实验室周围有大片花田，田里种着独特且香气四溢的花朵。

当时传统的香水往往只有单一的花香，而香奈儿却计划开发一种混合多种花香且可以留香更久的香水。香奈儿说："我热爱女性

工人在格拉斯郊外的花田里采集制作香水的花瓣

并想要给她们提供更舒适的衣服。即使她们开着车，这些服装也能凸显她们的女性气质。但只是让女性穿上精致的衣服远远不够，我还想为她们设计一款香水，一款合成香水……我不要来自山谷的玫瑰或百合，我想要创造出一种复合的香气。"[2]

为了满足香奈儿的需求，鲍用各种合成醛类物质进行实验，这些化学物质不仅可以增强原料的香味，还可以延长香味在皮肤表面的停留时间，如在茉莉花中加入乙酸苄酯就可以大幅延长留香时间。鲍共研发出了十种不同的香型，并将标有序号的样品呈送给香奈儿。

最终，香奈儿选择了一款混合格拉斯茉莉、依兰、橙花、五月玫瑰、檀香木、波旁香根草等原料的香水。巧合的是，这款香水的编号正是香奈儿的幸运数字"5"。为祈求好运，香奈儿经常会在一个月的第五天发布她的高级定制时装。香奈儿的星座——狮子座——排在黄道十二宫的第五位，此外她还曾提到古代炼金术士崇尚的第五元素法则（炼金术士认为，除了地、水、火、风这四种元素，宇宙间还存在第五种元素）。

在一篇 1946 年的文章中，鲍回忆道："我为香奈儿带去了两个系列的样品，编号分别是 1 ~ 5 和 20 ~ 24。香奈儿从中挑选了几款，其中就有编号 5。当我询问这款香水应该叫什么名字时，香奈儿小姐回答道：'我会在一年中的第五个月举办发布会，准确地说是 5 月 5 日。我想我们应该保留这瓶香水的编号，因为数字 5 会给它带来好运。'"[3] 为了追求极致奢华的理念并将这款香水打造成最昂贵的香水，香奈儿要求在配料中添加更多的格拉斯茉莉。在独家配方中，仅一瓶香水就需要用到 1000 朵茉莉和 12 朵玫瑰，而且这些花朵必须来自格拉斯的佩戈马斯地区。[4]

选定样品后，香奈儿带着一小瓶香水与鲍一起来到戛纳的一家高级餐厅用餐。每当有穿着时髦的女士路过他们的餐桌时，香奈儿就会喷上少许香水。看到那些女士立刻环顾四周，好奇香气的来源时，香奈儿知道自己成功了。1921 年初，香奈儿五号香水投产，香奈儿亲自带着 100 瓶香水回到巴黎。她要求导购小姐将这款香水喷在沙龙和试衣间里，同时她还给那些最具影响力的顾客赠送小样，并且对香水的来源含糊其词。很快，香奈儿有一款神秘香水的说法就传开了，通过这场完美的市场营销活动，香奈儿五号成了巴黎人的必备香水。在 20 世纪初期一份罕见的黑色和米色的产品目录中，香奈儿将这款奢侈的香水定义为"一款为眼光独到的高级顾客定制的香水"，并注明它只适用于高雅人士。[5]

香奈儿五号的经典玻璃瓶身是由著名设计师莫里斯·德皮诺瓦（Maurice Depinoix）设计的，设计集中体现了香奈儿风格中实用

20世纪30年代刊登在杂志中的香奈儿五号香水广告

和质朴的特点，与当时市面上其他华丽的香水瓶和造型奇特的瓶塞形成鲜明对比。香奈儿五号香水的瓶身设计偏男性化，据说在调整设计方案的时候，香奈儿参考了鲍伊一款看上去非常像药瓶的洗漱用品的形状。最终呈现出的香水瓶外形非常立体，让人不禁联想到八角形的旺多姆广场（香奈儿透过她在丽兹酒店套间的窗户就可以直接欣赏到旺多姆广场的景色）。

然而，关于香奈儿五号香水的诞生，米西亚却在本人的回忆录中给出了截然不同的故事，她认为自己对这款香水的发明功不可没。据米西亚所说，香奈儿五号香水的基调源自拿破仑三世的妻子欧珍妮皇后的秘书——吕西安·都德（Lucien Daudet）。都德在整理皇后的文件时发现了 16 世纪凯瑟琳·德·美第奇女王的美容秘方。这是一种有抗衰老功能的淡香水，也被称为"美第奇的秘密"。都德将这份秘方赠送给了米西亚，米西亚声称自己随后将秘方转赠给了香奈儿并建议她用这个配方作为香水的基调。

在谈到香水瓶的设计时，米西亚说她们"用一个极其简单的瓶子煞费苦心地进行反复试验，虽然瓶身看上去像药瓶一样，但却被赋予了香奈儿特有的风格和优雅的触感"[6]。

在香奈儿五号香水瓶最初的设计中，瓶塞上就印有如今标志性的双 C 标志，这可能是出于香奈儿对亚瑟·卡伯（鲍伊）的缅怀和致敬。互锁的两个字母 C 既是可可·香奈儿的英文首字母缩写，同时也代表着卡伯和香奈儿两个人。类似的双 C 图案还出现在了"亚瑟·卡伯奖杯"上。卡伯去世后不久，他的妹妹和香奈儿一起把这个奖杯赠送给了卡伯曾经效力的巴黎马球俱乐部。[7]

香奈儿五号香水一经推出便大受欢迎，供不应求，因此香奈儿想要进一步提高产量以满足百货商店的需求。然而，仅凭恩尼斯·鲍

塞特的漫画，画中香奈儿化身为住在"新大陆"香水瓶中的弗拉格纳侯爵夫人，绘于1923年

《米西亚·塞尔特的肖像》，费利克斯·爱德华·瓦洛顿，绘于1898年。米西亚宣称是她发现的一个古代配方促成了香奈儿五号香水的诞生

无法实现如此大批量的生产，于是香奈儿、老佛爷百货公司的老板西奥多·巴德（Théophile Bader）和化妆品巨头皮埃尔·沃特海姆（Pierre Wertheimer）在多维尔的珑骧赛马场举行了一次会议。该会议促成了 1924 年 4 月香奈儿香水公司的创立，香奈儿持有新公司 10% 的股份，巴德持有 20% 的股份，剩下的 70% 股份归沃特海姆所有。

1922 年，香奈儿 22 号香水问世。这款香水是根据其发售年份命名的，同时"22"这个数字对香奈儿也有着特殊的意义。她和鲍伊都很喜欢数字 2，但可悲的是，鲍伊却在 12 月 22 日凌晨两点的车祸中去世。此后，香奈儿和恩尼斯·鲍继续合作研发香水产品，其中包括 1925 年的"栀子花"、1926 年的"岛屿森林"及 1927 年向俄国爱人致敬的"俄罗斯皮革"。

香水事业的蓬勃发展为香奈儿带来了巨大的财富。在香奈儿眼中，香水是女性给人留下深刻印象的重要方式之一，她说："一个人可以接受自己长得不好看，但一定不能向懒惰屈服。邋遢的女性既不使用香水也不洗澡。我很喜欢香水，也喜欢那些打扮时髦、周身香气四溢的女人；而当我遇到那些懒女人时，我会觉得非常难堪。"[8]

每天在香奈儿来康朋街的店里上班前，她的助手都会在沙龙和楼梯上喷洒香奈儿五号香水。她们还会把香水喷在壁炉的煤炭上，这样当煤炭燃烧时，整个房间都会充满令人愉悦的味道。香奈儿告诉她的朋友传记作家克劳德·迪蕾："女性常会使用别人送的香水，但其实你应该使用适合自己、属于自己的香水。如果我不小心在某个地方落了件外套，别人一定会（根据香气）知道那是我的外套。年轻时，我总想着如果有一天我有钱了，第一件事就是去买瓶香水。我曾经收到一瓶弗洛里斯甜豌豆香水，我以为它很适合那时刚从乡下来的我，但后来我才意识到它并不适合我。"根据《时尚》杂志编辑贝蒂娜·巴拉德的描述，香奈儿对使用香水的建议是"把香水喷在你想要被亲吻的地方。但注意，不要喷太多的香水，因为过度使用香水的女性只会让她的朋友和爱慕者感到不适，是没有前途的"[9]。

可可·香奈儿和第二代威斯敏斯特公爵休·格罗夫纳一起出席英国国家障碍大赛，摄于1925年3月

第六章：英伦风尚

我从苏格兰引进粗花呢布料，这些传统的纺织品取代了绉丝和平纹细布。
在法国，我们洗衣服的次数太过频繁，而经我改良后的羊毛制品很耐脏，
这样就可以减少清洗的次数，从而让衣服保持柔软的触感。

地点：伦敦、柴郡、苏格兰高地
时间：1924 ~ 1931 年

  法国版《时尚》杂志的主编埃德蒙·查尔斯-鲁克斯（Edmonde Charles-Roux）指出，"1926 ~ 1931 年期间，香奈儿的风格是英式的"，这主要是受到第二代威斯敏斯特公爵休·格罗夫纳（Hugh Grosvenor，后简称威斯敏斯特公爵）的影响。

  香奈儿对英国贵族时尚的认识源自她的挚爱鲍伊。鲍伊给香奈儿介绍了一位英国裁缝，后来香奈儿第一次去巴黎时穿的就是这位英国裁缝为她量身定制的各种奢华羊驼毛西装外套和山羊皮夹克。香奈儿说："与康朋街有关的一切都源自这位裁缝。"[1]此外，香奈儿还通过鲍伊认识了他那些就读于英国公学、喜欢打马球的朋友，与此同时，香奈儿结识了那些频频光顾她时装精品店的富家女，于是她很快便被上流社会的行事准则深深吸引。香奈儿的朋友、社会名媛伊雅·艾比迪（Iya Abdy）女士写道："香奈儿一直很看重别人的财产和头衔。她克服了人生中几乎所有的障碍却依然对自己的出身感到羞愧。她从来不会因为自己的出身感到骄傲，相反她一直在努力隐瞒自己的身世。除了童年经历，她击败了所有的困难险阻。"[2]

  香奈儿十分欣赏英国贵族阶级低调的穿衣方式。英国贵族世代都穿着相同的粗花呢大衣，此外贵族们锃亮的皮鞋、高档的狩猎服

和修身的制服无疑都满足了香奈儿的想象。在香奈儿口中，威斯敏斯特公爵"非常高雅，但他从来没有给自己买过新衣物，甚至 25年来都穿着同一件外套，我不得不给他买了几双新鞋子"[3]。作为英国乃至欧洲的首富，威斯敏斯特公爵过着富裕且体面的生活，他的家中常年燃烧着煤炭，因为他觉得自己作为领主有责任保障煤矿工人的工作。通过威斯敏斯特公爵，香奈儿对英国文化有了更深入的了解，如英式下午茶、户外运动、古典气派的庄园及不同季节的着装搭配。

威斯敏斯特公爵的昵称是本德，这个名字源自他祖父的一匹纯种马。威斯敏斯特公爵曾经与温斯顿·丘吉尔（Winston Churchill）一起服役并参加了布尔战争。他们一直是好朋友，后来，丘吉尔的母亲嫁给了威斯敏斯特公爵的姐夫，这让两个家族的关系变得愈发紧密。颇具戏剧性的是，鲍伊的妻子黛安娜的前夫正是威斯敏斯特公爵同母异父的兄弟珀西·温德姆（Percy Wyndham），后来珀西在第一次世界大战中牺牲，这段短暂的婚姻就此终结。

1901 年，威斯敏斯特公爵与康斯坦斯·埃德温娜·刘易斯（Constance Edwina Lewis）结婚，他们的女儿乌苏拉于 1902 年出生，几年后，他们的儿子爱德华出生。然而，不幸的是，1909 年，年仅四岁的爱德华因为阑尾炎去世。1910 年，第二个女儿玛丽出生，但这依然未能挽救这段因悲伤而破碎的婚姻，威斯敏斯特公爵开始与舞台明星格提·米勒（Gertie Millar）及芭蕾舞女演员安娜·巴甫洛娃（Anna Pavlova）交往。由于女儿没有继承权，所以威斯敏斯特公爵需要一个儿子来继承他的巨额财产。再后来，公爵与名媛维奥莱特·纳尔逊（Violet Nelson）结婚，但她也没能生下公爵渴望的继承人。

与维奥莱特结婚后，威斯敏斯特公爵购买了"飞云号"游艇。这艘游艇需要 40 名船员操作，是世界上规模数一数二的私人游艇。"飞云号"这个名字很可能源自游艇上像天堂一般梦幻的白色船帆和白色木质甲板，它们与深黑色的船身形成了强烈的视觉反差。巧合的是，白与黑也是香奈儿最爱的配色。1923 年 8 月，丘吉尔在寄给妻子克莱门汀的信中写道："这是我见过最迷人的游艇，想象一下在雕花的橡木上建造一艘大型四桅货船，它就像一栋有前门、有楼梯并挂着赏心悦目的画作的乡间小别墅。这艘船由八台发动机驱动，航速高达 12 节，可以同时容纳 16 名宾客居住。"[4]

香奈儿最早是在朋友维拉·阿克莱特（Vera Arkwright）的介绍下认识威斯敏斯特公爵的。维拉出身贵族，经常陪伴在威尔士亲王及其他皇室成员的身边。1916 年，维拉与美国军官弗雷德·贝特（Fred Bate）结婚并育有一女，婚后的维拉依然沉迷于上流社会的生活而疏于照顾家庭。事实上，名媛般奢华的生活方式让维拉入不敷出，于是她决定接受香奈儿的邀请，成为香奈儿的品牌大使，展示香奈儿当季的最新设计。

1923 年年底，香奈儿和维拉在蒙特卡洛的巴黎酒店一起度过圣诞节，并迎接新年。当时，威斯敏斯特公爵的"飞云号"游艇恰巧就停靠在蒙特卡洛的港口，公爵恳请维拉邀请香奈儿一起登船游玩。当香奈儿好不容易同意接受邀请时，她收到了一则电报，上面说德米特里已经到达蒙特卡洛。于是，香奈儿飞快地取消了与威斯敏斯特公爵的会面。然而，德米特里却对这艘著名的游艇非常感兴趣，所以他决定同香奈儿一起出席公爵的晚宴。当晚，圣诞彩灯照亮了整艘游艇，伴随着吉卜赛乐队的现场演奏，前来参加晚宴的人们在船上愉快地交谈着，一旁有无数水手为他们提供服务。晚宴结束后，余兴未尽的人们又纷纷前往蒙特卡洛大赌场跳舞和赌博。

　　在那个浪漫的夜晚后，威斯敏斯特公爵对香奈儿印象深刻，非常渴望再次见到这位活力四射的设计师。那时，刚刚离异的公爵无疑是英格兰最抢手的单身汉，而他显然被香奈儿的独立自主吸引了。但香奈儿对此不以为意，她认为"威斯敏斯特公爵喜欢我只不过因为我是法国人。英国女性占有欲强而且性格高冷，很容易让男性感到厌倦"。

　　威斯敏斯特公爵每天都会源源不断地往香奈儿位于巴黎的公寓里送各种各样的东西，其中既有新摘的鲜花，也有来自柴郡私人庄园的水果及苏格兰领地里的新鲜鲑鱼。那时的香奈儿沉迷于工作，身边环绕着许多艺术家朋友，如让·谷克多、巴勃罗·毕加索、谢尔盖·里法及米西亚夫妇，因此她觉得自己没有时间陪伴这个贪图享乐的男人。香奈儿属于先锋派，而威斯敏斯特公爵则比较传统守旧，但他会陪香奈儿看歌剧，也会在香奈儿为芭蕾舞剧《蓝色列车》设计服装时陪在她的身旁。除了一箱箱采自伊顿温室的兰花和山茶花，威斯敏斯特公爵还向香奈儿赠送了大量珍贵的珠宝。一次，他给香奈儿送去了一箱采于私人庄园的新鲜蔬菜，香奈儿的男管家在箱底发现了一个天鹅绒盒子，盒子里装着一大块未经雕琢的祖母绿宝石。也难怪香奈儿会感叹："公爵实在太富有了，以至于他经常会忘记自己很有钱这件事。他的反应、行为和想法完全不受金钱的限制，他也从来不会计算金钱的得失。"5

　　威斯敏斯特公爵在巴黎的洛提酒店预留了一间套房，但他真正的家是伊顿庄园，这是一座位于柴郡乡间的哥特式豪华庄园，被公爵戏称为"圣潘克拉斯车站"。整座庄园洋溢着中世纪的气息，由威斯敏斯特公爵的祖父亲自设计，餐厅墙壁的嵌板上悬挂着庚斯博罗家族成员的肖像及其他价值连城的画作，如鲁本斯（Rubens）的名作《三博士朝圣》（*Adoration of the Magi*）等，巨型楼梯的两侧矗立着骑士盔甲。庄园里有 10 名女佣，她们需要跟在公爵的几条腊肠犬身后不停地整理和打扫卫生，此外还有 38 名园丁在花园里辛勤地工作。根据香奈儿的描述，伊顿庄园里的温室"完全不逊色于巴黎市区的温室。其中种植着各个季节的食物，如桃子、油桃、草莓……"，更令她惊讶的是柴郡"牛展的奖品居然是和桌子一样大的奶酪"[6]。

香奈儿被伊顿庄园深深地吸引了，"这里到处都是法斯塔夫时期带有尖顶山墙的黑白半木结构的房屋……房屋周围有意大利式的梯田、马匹训练的专用道、农场及迪斯雷利（Disraeli）小说中的杜鹃花森林。庄园里还挂满了鲁本斯、拉斐尔（Raphael）、托瓦尔森（Thorvaldsen）及一些英国大师的作品"[7]。

整个庄园井井有条、干净整洁，与奥巴辛有着某种相似之处，令香奈儿倍感亲切。她说："你必须承认庄园里的一切都井然有序，这是典型的英式风格，甚至可以让你忽略其中不协调的地方。比如，楼梯转角处的骑士盔甲就略显夸张，它们就像是从地里长出来的一样，骄傲且笔直地站着，特别是当铠甲被擦洗得闪闪发光时，它们好像随时都可以投入战斗。"[8]

随着威斯敏斯特公爵和香奈儿的交往日益频繁，公爵越发着迷于香奈儿的活力、深厚的运动造诣及骑马技术。公爵在法国大西洋海岸的米米藏拥有一座都铎式的豪宅——伍尔萨克城堡。每当香奈儿受邀参加在这座城堡举办的野猪狩猎活动时，她都能打扮得非常得体。香奈儿对该地区的风俗习惯也很着迷，她说："在米米藏，雄性野猪被猎杀时总会散发出美妙的气味，就像是种植在沙土中的晚香玉散发出的香气。或许也正因为如此，高端香水往往会将雄性野猪的生殖器作为原料，而雌性则不行。这种气味充满了生机。"

伊顿庄园，威斯敏斯特公爵在柴郡的住所，摄于1911年

除了野猪狩猎活动，香奈儿还提到了米米藏的其他习俗，如"男性仍然会踩着高跷出行或穿编织厚实的羊毛长袜"[9]。

香奈儿非常喜欢米米藏，所以她在当地的邮政街 59 号购置了一套房产，供旗下的裁缝每年度假时居住。这也成了法国早期带薪休假的案例，香奈儿的员工们合住在这套房子里，用花园中的水泵洗漱，出门只需走一小段路就可以到达一望无际的沙滩。[10]

公爵的好友丘吉尔也十分享受在米米藏狩猎的时光，他在给妻子克莱门汀的信中写道："那个著名的可可·香奈儿也来了，我很喜欢她。她是我认识的最有能力、最讨人喜欢的女性，也是本德目前遇到的最有人格魅力的女人。她可以在白天精力充沛地参加狩猎活动，吃完晚饭后再开车回到巴黎继续工作，穿梭于一个个模特之间专心地修改衣服。短短三周，她就完成了 200 名模特的定装，其中有些衣服甚至修改了十次之多。每件事她都亲力亲为，无论是打样、剪裁，还是缝合。"[11]

除了伊顿庄园和米米藏的豪宅，威斯敏斯特公爵还有诸多房产，包括多维尔附近的城堡、伦敦梅菲尔区的联排别墅和苏格兰北部的一大片土地。香奈儿经常会乘坐豪华列车造访威斯敏斯特公爵的各处房产。该豪华列车由两节普尔曼车厢和四节行李车厢组成，每次出行，车厢里都塞满了各种行李，当然还有公爵的爱犬。

香奈儿发现与威斯敏斯特公爵在一起的生活就像是"荒诞的仙境"，"当你抵达庄园时，一切都已准备就绪，你可以立即就餐或上床休息。庄园里的银器早已打磨光滑，汽车（伊顿庄园的车库里现在依然停着 17 辆古董劳斯莱斯汽车！）及停靠在港口的船只均已整装待发，管家和仆人穿着统一的制服，大厅入口处的桌子上放着世界各地的报纸和杂志"。[12]

在米米藏由威斯敏斯特公爵举办的野猪狩猎活动中，伦道夫、香奈儿和温斯顿·丘吉尔的合影（从左至右）

威斯敏斯特公爵最大的爱好便是出海航行，虽然香奈儿对此并没有什么兴趣，也实在无法理解盯着地平线看几个小时有什么意义，但这种奢华的生活方式还是令她向往的。"威斯敏斯特公爵有两艘大帆船，一艘皇家海军预备驱逐舰和一艘四桅船，"香奈儿说道，"每当船靠岸后，所有的宾客都会戴着漂亮的帆船帽去港口买一些明信片。至于公爵，除非戴上他那顶旧呢帽，否则他绝不下船。"[13]

香奈儿在许多设计中都使用了海军蓝，同时借鉴了"飞云号"水手们的双排扣大衣及水手帽，不过她将大衣扣子的颜色换成了金色，并在帽子上增加了帽徽。1926 年，《时尚》杂志受到"飞云号"游艇风的启发，刊登了一系列适合在甲板上穿的百褶针织服装。

可可·香奈儿和马塞勒·梅尔（Marcelle Meyer）在"飞云号"上展示香奈儿的游艇系列造型，摄于1928年

威斯敏斯特公爵在苏格兰也有房产，但如果走陆路需要耗费很长时间，所以公爵通常会乘坐驱逐舰"卡蒂萨克号"前往遥远的萨瑟兰地区。雷伊森林庄园位于苏格兰崎岖不平的西北部地区，占地约 405 平方千米，这里原本是第一代威斯敏斯特公爵从他的岳父萨瑟兰公爵处租借的。1920 年，第二代威斯敏斯特公爵买下了这座庄园，这片高地至此成了公爵的游乐场，他喜欢在这里举办狩猎派对或在宽阔的河中钓鲑鱼。

此外，洛奇莫尔度假山庄也是威斯敏斯特公爵众多的房产之一，这里有 52 个房间，登上矗立在湖畔的维多利亚时代的哥特式塔楼就可以欣赏绝佳的山景。相比之下，斯塔克度假山庄更像是公爵建在拉克斯福德河边的运动场，屋内铺着木质地板，熊熊燃烧的壁炉上方挂着雄鹿的鹿角。屋檐下沿窗而建的卧室可能会勾起香奈儿那段曾经住在阁楼上的美好回忆。入口处有一座童话般的石桥，这座石桥是进入房屋的唯一途径。在公爵的悉心介绍下，香奈儿很快就熟悉了各种乡间娱乐活动，她回忆道："在苏格兰的荒野上，到处都是等待被猎杀的松鸡，还有等待着被捕获的鲑鱼……"[14]

作家贾斯汀·皮卡迪（Justine Picardie）在雷伊森林庄园的办公室里发现了好几本用皮革装订的钓鱼记录簿，其中详细地记录了香奈儿的钓鱼成果。香奈儿的名字首次出现是在 1925 年 5 月 27 日

拉克斯福德河，1925年的整个夏天香奈儿都和威斯敏斯特公爵一起在这里钓鲑鱼

的记录中，那天她共钓到了八斤重的鲑鱼。1925 年的整个夏天，香奈儿都在拉克斯福德河或斯塔克湖上钓鱼，最高纪录是在 1925 年的 9 月 30 日，她共捕获了近 16 斤鲑鱼。香奈儿还留下了一些与钓鱼有关的传说，比如，香奈儿说，有一次她在巴黎的丽兹酒店遇到了一名苏格兰男子，男子问她是不是就是洛奇莫尔档案中记录的那位香奈儿小姐。[15]

香奈儿回忆起钓鱼的经历时说道："我终于学会了如何钓鲑鱼。在此之前的一年里，我只是看别人钓鱼，因为我觉得这很无聊。但当我自己学会钓鱼后，我便爱上了这项运动，甚至可以从黎明一直钓到深夜 11 点。显然，我很幸运，一直都在水产丰饶的河里钓鱼。后来，我去了挪威，但是那里禁止钓鱼，因为挪威的野生鲑鱼太凶猛，它们可以轻易地咬掉你的手指。"[16]

1927 年 9 月，温斯顿·丘吉尔去萨瑟兰地区拜访威斯敏斯特公爵及香奈儿，这是香奈儿连续第三年在公爵的苏格兰庄园里度假。

白天，他们去河面上钓鱼；晚上，他们就坐在斯塔克度假山庄里温暖的壁炉旁玩贝齐克游戏（一种风靡 20 世纪 20 年代的纸牌游戏）。1927 年 10 月初，丘吉尔在斯塔克度假山庄给妻子克莱门汀写信道："在这里，香奈儿已经取代了维奥莱特（女主人）的位置。她从早到晚都在钓鱼，短短两个月就钓了 50 条鲑鱼。她（非常）讨人喜欢，也（非常）坚强，很适合征服一个男人或统治一个帝国。"[17]

20 世纪 20 年代后期，米西亚也曾前往苏格兰拜访香奈儿。香奈儿的传记作家克劳德·迪蕾回忆道，香奈儿说米西亚"在苏格兰就好像一条离开水的鱼。有一天，米西亚想要寄一封信，香奈儿告诉她邮局在距离山庄 32 千米远的地方，如果会骑马，那么她可以骑马去邮局寄信"[18]。

情到浓时，威斯敏斯特公爵答应香奈儿为她在苏格兰高地上修建宅邸，后来他兑现承诺修建了玫瑰厅，并允许香奈儿按照自己的喜好对房屋进行重新装修。这座玫瑰厅位于罗斯霍尔庄园内，靠近莱尔格地区。1930 年，玫瑰厅被公爵出售，并于 1967 年被完全废弃。由于房屋年久失修，其内部装饰也开始逐渐剥落，不过依然保留了一些香奈儿的痕迹，如客厅里残留的米色壁纸、米色踏板、木质彩绘壁炉架等。

玫瑰厅的卧室采用法式印花壁纸，饰有淡粉色和米色的花朵图案。楼下两间连通的会客室里贴着米色细条纹壁纸，显得非常气派。[19]浴室里安装了坐浴盆，有人说这是苏格兰最早的坐浴盆。但事实并非如此，最早的坐浴盆是在 20 世纪初期由香克斯在苏格兰的格拉斯哥制造的，而玫瑰厅的坐浴盆则要稍晚一些，生产于 1912 年。除了出口供应法国市场，香克斯很可能也为苏格兰的其他新潮住宅提供坐浴盆。[20]此外，玫瑰厅还有一间宽敞的地下酒窖，很适合举办各种娱乐活动。1928 年 5 月，丘吉尔在给妻子的信中写道："这是一栋（非常）讨人喜欢的房子。"[21]

上图：罗斯霍尔玫瑰厅里的法式印花壁纸上充满现代感的花卉造型设计，这些壁纸至今依旧清晰可见

下图：靠近莱尔格地区的罗斯霍尔庄园，20世纪20年代，这里是香奈儿和威斯敏斯特公爵在苏格兰高地的世外桃源

　　在苏格兰高地，香奈儿迷上了男式服装。当感到寒冷时，她经常会借威斯敏斯特公爵的粗花呢大衣穿，就像她之前对待其他男性友人一样。在一张拍摄于玫瑰厅前门的照片中，香奈儿站在薇拉·贝特（Vera Bate）的身旁，一身男式运动服装——她里面穿着开襟羊毛衫，打着领带，外面穿着公爵的粗花呢狩猎夹克和法兰绒长裤，卷起长袖和裤腿，脚上是一双结实的靴子。

　　自 1923 年以来，香奈儿的服装一直被认为带有浓重的俄罗斯色彩，但她奢华的运动服饰系列却处处体现了威斯敏斯特公爵的影

对页图：1929年《时尚》杂志中描绘的香奈儿运动系列套装，展示了当时香奈儿设计中的英伦元素

右图：香奈儿在位于圣奥诺雷市郊路家中的花园里展示充满英伦风尚的套装

第116~117页跨页图：在威斯敏斯特公爵的斯塔克度假山庄小住时，香奈儿非常喜欢斯塔克湖的美景

响，无论是两人共度的美好时光，还是她从公爵处借来的男装。1926年，《时尚》杂志报道称："粗花呢衣服已经成了新的时尚必备单品。"在为高档粗花呢开襟外套采购面料时，香奈儿选择与林顿粗花呢公司合作，该公司是由著名的纺织品生产商威廉·林顿（William Linton）一手创立的。在20世纪这个爵士乐盛行的时代，林顿使用粉彩和珠宝色调的轻薄羊毛呢，将传统的粗花呢改造成了一种更具女性魅力的面料，这种面料一经推出便大受欢迎。

　　1872年，林顿出生于苏格兰边境的希尔克镇。自18世纪起，布匹制造及其相关产业逐步在希尔克镇兴起，镇上的每个人都可以在纺织厂得到一份工作，学习纺织、织补或染色等技术。林顿最初是霍伊克纺织厂的一名粗花呢工人，后来他带着技术前往卡莱尔并于1912年创办了林顿粗花呢公司，该公司专门为高端奢侈品市场提供布料。1928年，在来自蒙特卡洛富人圈的时尚设计师爱德华·莫利纽克斯（Edward Molyneux）的介绍下，香奈儿结识了林顿。[22]

香奈儿与林顿一拍即合，很快就粗花呢布料达成了合作。香奈儿设计了经典的粗花呢开襟外套，配上百褶裙及珍珠项链，项链的灵感很可能源自公爵每年送给她的生日礼物。通过添加珍珠项链，香奈儿巧妙地在传统的男性狩猎服装中加入了法式元素。她告诉保罗·莫朗说："我从苏格兰引进了粗花呢布料，这些传统的纺织品取代了绉丝和平纹细布。在法国，我们洗衣服的次数太过频繁，而经我改良后的羊毛制品很耐脏，这样就可以减少清洗的次数，从而让衣服保持柔软的触感。我要求供应商在印染布料时选取大自然中的颜色，因为我想让女性像动物一样接受自然的指引。在草坪上穿一件绿色连衣裙是完全可以接受的事情。"[23]

香奈儿在设计的服装中频频使用苏格兰的纺织品，从费尔岛经编针织布、粗花呢、格子呢到开司米羊绒，直到今天，香奈儿的开司米羊绒仍然由苏格兰边境上的巴里针织衫纺织厂提供。因此，香奈儿几乎成了时尚圈中苏格兰纺织品的最佳代言人。1933 年，夏菲尼高百货公司为香奈儿的成品毛衣刊登了一则广告，广告中写道："您至少需要一件这样的套头毛衣……这是香奈儿小姐的最新产品，产地为苏格兰。"[24]

香奈儿每年会举办两次服装发布会，通常在 2 月 5 日和 8 月 5 日，而威斯敏斯特公爵无疑是香奈儿最忠实的支持者，他总会准时地出现在观众席上。不仅如此，当香奈儿为准备新一季的服装感到焦虑不安时，公爵总会贴心地派船将香奈儿的女裁缝们接到伊顿庄园。此外，伊顿庄园里男管家及男仆的条纹背心制服也为香奈儿的"英伦风尚"提供了无穷的灵感。

1927 年，威斯敏斯特公爵将位于戴维斯街的梅菲尔联排别墅借给香奈儿，这里邻近公爵充满安妮女王风格的豪宅"布尔登之家"。

在暂居英国的这段时间，香奈儿于梅菲尔联排别墅开办了一家专门面向英国上流社会的精品店。凭借优越的地理位置和香奈儿的名声，这家精品店很快便吸引了一大批上流社会知名人士的光顾，其中包括约克公爵夫人、黛西·费洛斯（Daisy Fellowes）、玛丽·戴维斯女爵、黛安娜·库珀及鲍伊的遗孀黛安娜·温德姆等。

1927 年 6 月，英国版《时尚》杂志宣告："香奈儿的伦敦分店开张了。"英国的上流社会人士纷纷将拜访香奈儿新店纳入自己的日程安排，因为香奈儿为他们提供了适合不同场合的服装，如白色塔夫绸礼服就非常适合初入宫廷参加舞会的少女，而有黑色蕾丝和圆点花纹的午后正装（又称日装礼服）则适合用于出席阿斯科特赛马会。《时尚》杂志对香奈儿设计的运动装和日常装大肆赞扬，无论是服装采用的"乡村粗花呢布料"，还是"颈部的白色栀子花装饰"。显然，香奈儿对英国上流社会不同季节、不同场合的着装需求了然于胸，无论是要出席阿斯科特赛马会、宫廷聚会、舞会，还是狩猎季和"光荣的第十二日"（即 8 月 12 日，标志着英国传统松鸡狩猎季的开始），香奈儿总能为顾客提供完美的服饰搭配方案。[25]

香奈儿与威斯敏斯特公爵的亲密关系引发了世人的猜测，很多人都认为两人会步入婚姻。《纽约时报》在 1928 年 11 月 17 日的报道中写道："最近去伊顿庄园（威斯敏斯特公爵的住所）的客人是来自巴黎的服装设计师香奈儿女士。据《世界新闻报》（News of the World）的消息，香奈儿的出现再次引起了关于公爵在考虑第三段婚姻的传闻……类似这样他们将要结婚的消息从 1925 年起就不时地出现……还有报道称为了准备与香奈儿女士结婚，公爵曾在 1925 年花费 100 万美元重新整修游艇。"[26]

尽管香奈儿并不愿意被婚姻束缚，但她对威斯敏斯特公爵与其他女性保持暧昧关系的容忍度要比对鲍伊低得多。有一次，当公爵将一名年轻漂亮的女士带上"飞云号"游艇时，香奈儿命令他让这位女士在下一站韦利法兰斯港口下船。对此，舞蹈家谢尔盖·里法写道："骄傲自大的香奈儿无法忍受自己不是威斯敏斯特公爵生活中唯一的女性。公爵送给她一条价值不菲的项链，但香奈儿却用一种极为轻蔑的姿态让珍珠项链从她的掌中滑入大海。"在其他版本的描述中，项链变成了一颗巨大的祖母绿宝石，在清冷的满月下，香奈儿轻轻地倚靠在栏杆上翻手将它扔进了大海。[27]

当时的香奈儿已经年过四十，她非常清楚公爵想要一个继承人，因此她曾极力尝试怀孕，但最终还是失败了。后来，她感叹道："上帝知道我有多么渴望爱情。但是当我需要在爱人和衣服之间做出选择时，我会选择衣服。工作对我来说就像某种有依赖性的药物一样，虽然有时候我也会思考，如果生命中没有男人，香奈儿会变成什么样子？男人才不懂这些。他们只会和女人说：'我要娶你，你不必再担惊受怕，也不必再工作了。'但他们的意思其实是'你除了陪我不需要做任何事'。"[28]

1930 年的春天，威斯敏斯特公爵与年轻漂亮又聪明的名媛洛利亚·庞森比（Loelia Ponsonby）结婚。香奈儿平静地接受了她和公爵之间恋爱关系结束的事实，并对外宣布自己已经厌倦了那种极度散漫的生活方式。"钓鲑鱼不能成为生活的全部。任何形式的贫穷都比那样悲惨的无所事事要好。假期结束了。这段时间，我花了一大笔钱，疏于照看房子，也没空打理生意，而且我还慷慨地给成百上千的仆人赠送了礼物。"[29]

后来，在英国驻巴黎大使馆举办的晚宴上，香奈儿遇到了外交官查尔斯·门德尔（Charles Mendl）爵士，两人的座位相邻。爵士

1927年《时尚》杂志中的照片，模特弗朗西丝·霍普（Frances Hope）穿着香奈儿小羊皮外套和粗花呢连衣裙

《威斯敏斯特之爱》，蚀刻版画，夏洛特·奥尔（Charlotte Orr），绘于2014年

问香奈儿为什么要拒绝威斯敏斯特公爵的求婚。据说，香奈儿回答道："已经有很多公爵夫人了。"而爵士感叹道："可是只有一个可可·香奈儿啊！"[30]

　　在伦敦的梅菲尔区，路灯的立柱上都雕刻着金色的"双 C"标志和代表威斯敏斯特的"W"标志。香奈儿的浪漫主义信徒认为这些标志代表着公爵对香奈儿的思念，说明香奈儿在公爵的心中是永远无法替代的。但实际上，这些路灯是在 20 世纪 50 年代才开始安装的，互锁的"双 C"标志代表市议会，"W"代表威斯敏斯特行政区。不过，无法否认的是，路灯上的"双 C"标志确实与香奈儿的品牌标志非常相似，这也侧面体现了英国对香奈儿职业生涯的重要作用。

香奈儿站在拉帕萨别墅大厅的楼梯上，罗杰·沙尔（Roger Schall），摄于1938年

第七章：里维埃拉风情

我记得小时候见过的巨大石阶都因为长期使用而磨损了。
那些石阶过去被我们称为修士石阶。

地点：罗克布吕讷-卡普马丹
时间：1929 ~ 1953 年

拉帕萨别墅是可可·香奈儿在法国里维埃拉建造的一座豪宅，地处罗克布吕讷-卡普马丹区，背靠阿尔卑斯山脉，北边是蔚蓝海岸，西边是富裕的蒙特卡洛，东边是意大利边境，周围是郁郁葱葱的森林。这里的一切都如田园生活般美好，炫目的阳光明晃晃地照在百叶窗和土红色的屋顶上，从别墅里极目远眺，映入眼帘的是无尽的地平线。在建造这样一座平地而起的建筑时，香奈儿还做了一些特别的设计，她悄悄地在别墅中融入了一些与自己在奥巴辛童年生活有关的元素。

罗克布吕讷-卡普马丹区陡峭的山坡上盘旋着一条条蜿蜒的古径，路旁的橄榄树上发出阵阵蝉鸣，微风裹着松树的清香拂面而来，身处其中，好不惬意。香奈儿并没有顺应时代的潮流在海岸边建造别墅，因为她更喜欢站在高处欣赏深海的壮丽景色和多山海岸线的全景。山上起伏的台阶通往一个名叫罗克布吕讷的中世纪村庄，这里有用岩石铺成的狭窄街道及一座可以俯瞰海角的城堡。香奈儿非常喜欢沿着这些小径漫步，她建议保持健康的方法就是"昂首挺胸地走在乡间小路上，不要一直低头盯着地面看"[1]。

对一些访客来说，香奈儿的拉帕萨别墅太偏僻了，通往这里的道路十分复杂，而且蒙特卡洛的很多路段还充满了各种发夹弯和岩石隧道。但对香奈儿来说，拉帕萨别墅不仅为她提供了一个可以独处的空间，还让她可以一边过着简约而奢华的生活，一边回忆往昔。别墅里的装修与她在巴黎的私人公寓中的巴洛克式装修风格截然不同，这里没有科罗曼德屏风、雕塑及各种繁复华丽的装饰品。在拉帕萨别墅中，墙壁被刷成了灰色，与白色和米色的塔夫绸窗帘相得益彰，地上没有厚重的地毯，只是简单地铺着土红色陶砖或镶木拼接地板。1930 年，美国版《时尚》杂志刊文称，拉帕萨别墅是"地中海沿岸有史以来最迷人的别墅……这栋占地狭长的别墅具有典型的普罗旺斯风格，别墅的灰色外墙被掩映在一片橄榄树的绿荫之中"。

蔚蓝海岸的夏天非常炎热，几乎没有游客，所以，每年的 5 月至 10 月，当地的别墅和酒店通常都会闭门歇业。但一到冬天，这里就成了英国和俄罗斯贵族们争相前往的度假胜地。20 世纪 20 年代，放荡不羁的美国人开始涌入里维埃拉，他们的到来打破了人们对蔚蓝海岸的固有印象。1921 年和 1922 年的夏天，美国音乐家科尔·波特（Cole Porter）和他的妻子琳达（Linda）租下了位于昂蒂布的拉古鲁佩城堡。刚听说这个消息时，人们都觉得这对夫妇疯了。然而，不久后，另一对美国夫妇，杰拉尔德·墨菲及妻子萨拉又在当地修建了"美国别墅"，他们鼓励艺术家们来蔚蓝海岸度过无聊的夏季时光。巴勃罗·毕加索、多萝茜·帕克（Dorothy Parker）、让·谷克多等艺术家纷纷来到里维埃拉，他们在大海中游泳，在岩石上烘焙，在海边野餐，他们这种波希米亚式的生活方式逐渐改变了公众对里维埃拉的看法和印象。

　　大部分的"迷惘一代"都喜欢爵士乐和苦艾酒，作家兼编剧弗朗西斯·斯科特·基·菲茨杰拉德（Francis Scott Key Fitzgerald）及妻子泽尔达（Zelda）就是其中的代表人物。这对夫妇住在朱安雷宾海滩边的贝勒维尔酒店。据说，菲茨杰拉德就是在棕榈树下获得灵感并写出了著名小说《了不起的盖茨比》（The Great Gatsby）。在他的另一部小说《夜色温柔》（Tender is the Night）中，他在描写女主人公尼科尔·戴弗喷香水的场景时还特别提到了香奈儿的产品："尼科尔穿上了她的第一条及踝日间礼服，这件衣服她已经珍藏多年，然后她十分虔诚地喷了点香奈儿 16 号香水。"[2]

　　拥有古铜色皮肤的香奈儿热爱日光浴，在她的大力推动下，里维埃拉成功地变成了一个一年四季都值得前来旅游的地方。她再度推出了耐穿又实用的运动装，在里维埃拉重现了当年在比亚利兹和多维尔海滩度假村的火爆销售场面。从某种程度上说，香奈儿影响了当时的海滩时尚。后来，香奈儿还曾回忆起自己 20 世纪 20 年代在威尼斯的丽都岛度假时的场景，她说："我讨厌光脚走在滚烫的沙滩上，但那天我的皮质凉鞋被晒得非常烫脚，于是我找到了扎特勒的一位鞋匠，要求他将软木裁剪成鞋子的形状，并在上面穿两根皮绳。十年后，我看到纽约阿贝克隆比商店的橱窗里摆满了类似的软木底鞋。"[3]

　　1924 年，香奈儿为达基列夫导演的芭蕾舞剧《蓝色列车》设计剧服，成功地让里维埃拉的服装风格一炮而红。这部芭蕾舞剧的名字来源于一辆从巴黎开往里维埃拉的卧铺专列，列车中途停靠尼斯、蒙特卡洛和芒通，其深蓝色的车厢充满了异国情调。蓝色列车总是载满了形形色色的社交名流，演员查理·卓别林（Charlie Chaplin）、威尔士亲王、摄影师塞西尔·比顿等人都曾乘坐这趟列车辗转于伦敦、巴黎及法国南部等地。

莉迪亚·索科洛娃和莱昂·沃伊兹柯夫斯基（Leon Woizikowsky）在表演芭蕾舞剧《蓝色列车》（该剧由俄国芭蕾舞团制作），摄于1924年11月

芭蕾舞剧《蓝色列车》以观众熟悉的人物为原型（如以苏珊·朗格伦为原型的网球冠军、以威尔士亲王为原型的高尔夫选手），展现了他们尽情享受阳光、大海和沙滩的场景，进而揭示了当时社会的享乐主义及风俗。演出时，俄国芭蕾舞团的舞蹈演员莉迪亚·索科洛娃穿着香奈儿的亮粉色针织泳装，戴着人造珍珠耳钉和泳帽出场，这套装扮为日后风靡一时的海滩造型奠定了基础。在这部剧中，立体派雕塑家亨利·劳伦斯（Henri Laurens）用中性色调为舞台设计布景，包括充满立体感的波浪、棱角分明的海边小屋和阳伞等，舞台的背景幕布则由毕加索负责。有人认为香奈儿的"双C"标志很可能也与在法国里维埃拉的经历有关，因为该地区克雷马特城堡的窗户上就有类似的图案。这座城堡位于尼斯，建造于20世纪20年代早期，1923年香奈儿的好友艾琳·布雷兹（Irène Bretz）买下了这座城堡，因此香奈儿很可能曾经到访此地。

香奈儿和威斯敏斯特公爵最早曾在1927年到访里维埃拉，并视察了后来被用于建造拉帕萨别墅的地方（直到19世纪，这片土地都是格里马尔迪狩猎场的一部分）。那时，这片海角顶部的平地上有一栋主楼和两栋小别墅，周围两万平方米的区域内种着各种绿色植物，包括橄榄树、橘子树、含羞草等，蜿蜒曲折的石子路穿插其中。香奈儿被这里迷人的自然环境深深地吸引了，并决定在此修建自己的度假别墅。"拉帕萨"这个名字取自神话故事，据说抹大拉的玛利亚逃离耶路撒冷时曾在名为"拉帕萨"的橄榄树下休息，因此"拉帕萨"也有"休息"的意思，或许香奈儿也希望这里田园般轻松的生活和优美的自然环境可以帮助她怀孕。[4]

1929年2月9日，香奈儿在尼斯房产抵押办公室的房屋销售合同上签上了自己的名字。有传闻说，威斯敏斯特公爵为此支付了

艾琳·格雷的E1027别墅，位于罗克布吕讷-卡普马丹的海岸线上

180 万法郎的费用。⁵ 但这一传闻的可信度并不高，那时的香奈儿凭借自己的能力已经变得非常富有，她不仅在戛纳和蒙特卡洛开了好几家精品店，还在巴黎的康朋街买下了好几栋楼，所以她完全有能力自己购置这处房产。

当时的罗克布吕讷几乎没有其他度假别墅，除了爱尔兰室内设计师艾琳·格雷（Eileen Gray）的现代主义住宅 E1027。与香奈儿一样，格雷也是一位时尚艺术的先锋人物，她不仅喜欢黑白配色和用数字表达想法，还喜欢设计一些实用性很强的物品。当香奈儿为提升女性生活质量而设计服装时，格雷则为了实现更简便的生活方式而制作实用的家居物品，其中最有名的是一张可以用来在床上吃早餐的钢管桌子。

　　香奈儿的拉帕萨别墅没有采用像 E1027 那样充满现代感和想象力的平顶设计。她想要构筑一个具有传统普罗旺斯风格的家，既要保证绝对的舒适，同时又要融合一些她过去经历的元素。香奈儿聘请了 28 岁的建筑师罗伯特·斯特雷茨（Robert Streitz）负责拉帕萨别墅的设计工作。这位年轻的建筑师受邀参加了"飞云号"上的一场酒会，在酒会上，香奈儿阐释了自己对建筑的要求。仅仅三天后，斯特雷茨就完成了初步的设计方案。受到童年经历的影响，香奈儿对别墅的设计想法也与奥巴辛那所冷清的修道院有关。她认为，别墅整体应该体现罗马式隐修院的简约风格，外墙要刷成白色，屋顶要使用手工浇筑的土红色瓦片，这样才能形成鲜明的颜色对比，此外，她还提出要在别墅的入口处建造石阶。香奈儿曾经告诉斯特雷茨："我记得小时候见过的巨大石阶都因为长期使用而磨损了。那些石阶过去被我们称为修士石阶，那就是我想要的。"6

　　为了更好地完成拉帕萨别墅的设计工作，斯特雷茨曾亲自前往奥巴辛修道院实地考察和参观。他注意到，正如香奈儿所言，经过几百年的洗礼，修道院的石阶早已被磨损。除了石阶，斯特雷茨还从修道院神圣的回廊中获取灵感，并据此设计了拉帕萨别墅内部的拱廊和拱门。

　　关于别墅的设计，威斯敏斯特公爵的要求非常简单，那就是在施工过程中"只使用最好的材料"，为此建筑商埃德加·马焦雷（Edgar Maggiore）亲自前往意大利采购了两万块手工浇筑的屋顶瓦片。为了让别墅外部看上去更具历史厚重感和年代感，香奈儿要求木匠把百叶窗做旧。"香奈儿小姐非常清楚自己想要的是什么。"在接受一名来自加兰特的记者采访时，马焦雷这样说道。在粉刷外墙前，马焦雷还专门派了一名工人前往巴黎让香奈儿挑选心仪的颜色。有

罗克布吕讷 – 卡普马丹地区的沙滩和山脉，向西眺望便是蒙特卡洛

时，香奈儿也会突然从巴黎乘坐蓝色列车来到里维埃拉的施工现场
查看工程的建造进度。马焦雷回忆说："每次来罗克布吕讷都会让
香奈儿非常开心。有一次在施工现场，她不小心滑进了泥潭中，但
她并没有因为损失一件衣服而伤心，相反，她哈哈大笑直到工人们
把她从泥浆里拉出来。"

对页图：拉帕萨别墅大厅的回廊，
摄于1938年

右图：香奈儿在拉帕萨别墅的卧室
中，床头上方悬挂着各式的五角星
图案

　　1929 年，拉帕萨别墅完工。为建造这栋别墅，香奈儿花了 600
万法郎，远远超过当初这片土地的售价。别墅的中心是一个修道院
式的庭院，周围共建有三座翼楼，每座翼楼都有连廊通往气势恢宏
的大厅，大厅中有香奈儿朝思暮想的巨型楼梯。在建造和装修拉帕
萨别墅时，香奈儿悄悄地将自己的幸运数字"5"融入了整栋建筑，
例如大厅入口处的上方有五扇窗户、锻造吊灯共有五层、她的床头
悬挂五角星等。香奈儿的生活中到处都充满着"5"的元素，根据
1926 年《纽约时报》的报道，哪怕是在蒙特卡洛赌场，香奈儿也"总
是以 5 号选手的身份参与游戏"[7]。如此说来，拉帕萨别墅所在的这
片土地占地 5 英亩很可能也是香奈儿决定购买此地的原因之一。

当香奈儿的客人们走在别墅的石阶上或回廊中时，他们不会想到这些设计背后暗藏的故事和回忆。香奈儿很少谈论自己的童年，即便说起，她也只会说自己是由两个薄嘴唇、穿黑衣服的姨妈抚养长大的，并极力否认她们是修道院的修女。从某个角度来说，拉帕萨别墅实现了香奈儿对童年时代的家的幻想，香奈儿以这种隐晦的方式将现在的自己与过去相连，通过这种跨越时空的相见来庆祝自己获得的巨大成就。

拉帕萨别墅的室内设计简洁大气，处处体现了奥巴辛修道院简朴的生活方式。埃德蒙·查尔斯－鲁克斯是法国版《时尚》杂志的编辑，同时也是香奈儿传记的作者，他说："每当香奈儿渴望回归简朴的生活、追求极致的洁净时，她都会用黄肥皂洗脸，怀念所有白色、简单、干净的物品，整理橱柜中高高堆叠的亚麻制品，或者把墙壁粉刷成白色……人们应该理解她只是在隐晦地传达一个暗号，她的一举一动都代表了一个名字——奥巴辛。"

别墅中沉重的深色门、朴素的家具，包括香奈儿卧室里结实的衣橱和楼梯底部的储物柜，都让人不禁联想到修道院。香奈儿试图从这种质朴的生活中寻求奢华和舒适的体验，就像她简洁的服装设计中蕴含的"穷人派头"一样。香奈儿曾说："有些人总觉得奢华的对立面是贫穷，事实并非如此，奢华的对立面是粗俗。"拉帕萨别墅中有很多 16 世纪和 17 世纪的都铎式或雅各布式家具，这些家具很可能来自威斯敏斯特公爵的伊顿庄园。香奈儿精心挑选的其他家具饰品都是法式或西班牙式的，其中有些物件并不符合当时的大众审美，如西班牙式的铁艺大吊灯。[8]

珠宝设计师弗尔杜·佛杜拉（Fulco di Verdura）对拉帕萨别墅给出了极高的评价，在参观后，他对香奈儿说："你明明在这栋别墅上花了很多钱，但我却一点也看不出炫耀的痕迹，这是多么天才的设计啊！"香奈儿相信："装修时，懂得给空间留白很重要，而且室内应该摆放令人感到平和的东西。和其他物品一样，一栋房子得有自己的灵魂才会变得宜居，它不仅应该让人感到轻松自在，而且应该带有主人的特色。"[9]

1930 年，法国版《时尚》杂志用了整整两个版面来介绍建成的拉帕萨别墅，展示了其室内简约大气的装修风格。别墅中，大多数房间的地上都只铺着镶木地板或瓷砖，没有其他多余的装饰。餐厅里有一个大壁炉，还有一扇通往花园的双开门，餐桌的正下方铺着一块大地毯。起居室以米色为主色调，摆放着来自西班牙的浅黄褐色地毯及舒适的真皮沙发，让人不由自主地想要陷入其中。香奈儿称："当你躺在沙发上时，你会惊讶地发现坐垫的铜色和书架上书本的颜色巧妙地融为一体。"[10]

《时尚》杂志的编辑贝蒂娜·巴拉德回忆道："毫无疑问，香奈儿的别墅里到处是米色，所有的卧室，甚至连钢琴都是米色的。有人说，香奈儿是看到威斯敏斯特公爵把游艇整修成米色后，才开始在室内装修中使用这种颜色的。但在我看来，更合理的说法是公爵在整修游艇时听取了香奈儿的建议。香奈儿是一个很有主见的人，她说自己去乡村生活是为了放松，所以不想被斑驳的色彩和华丽的装修转移注意力，她是对的。"[11]

20 世纪 30 年代，香奈儿顺应时代的发展，对拉帕萨别墅进行了一番改造，增加了更多折中主义的元素。1935 年，法国的《法兰西》（*Plaisir de France*）杂志刊登了一张拉帕萨别墅室内的彩照，照片中有一大块蓝白相间的地毯以及一个超大的沙发，这个沙发至今仍在朴素的大厅里。同年，香奈儿用玻璃把回廊的通道与庭院隔

拉帕萨别墅中来自"高雅年代"的衣橱,与奥巴辛修道院内的质朴家具风格十分相似,现存于达拉斯艺术博物馆

17世纪的雕花椅子,曾在拉帕萨别墅中陈列,现存于达拉斯艺术博物馆

开,从而开辟出了一个独立的空间。

拉帕萨别墅的右侧翼楼原本是香奈儿和威斯敏斯特公爵的住处,1930 年两人分手后,这里就留给了米西亚·塞尔特。在原本属于公爵的房间里,地面铺着一层镶木地板,没有地毯或其他装饰物,看起来光秃秃的,屋内只有一张简单的铸铁床。香奈儿的房间与公爵的房间只隔着一间浴室,她卧室的装修风格完美地体现了"远离花里胡哨的装修才能保持身心放松"的设计理念。卧室的墙上镶嵌着 18 世纪英国橡树木板,窗帘和床罩均采用米色的塔夫绸,西班牙式镀金铁床的床头挂着一些五角星装饰和护身符。此外,卧室里还

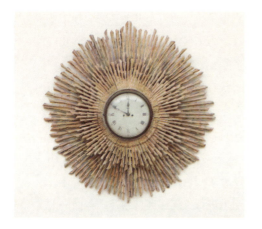

左图：香奈儿用来装饰拉帕萨别墅的太阳状时钟，现存于达拉斯艺术博物馆

下图：挂在拉帕萨别墅大厅墙上的太阳状时钟，摄于1935年

有一个壁炉，由于别墅没有集中供暖，所以与其他房间一样，香奈儿在卧室也只能通过壁炉取暖。为了保护自己不受蚊虫的叮咬，香奈儿喜欢在床上罩上蚊帐，并将蚊帐的边角塞进床边。

如果说香奈儿在康朋街私人公寓的装修美学代表了 20 世纪 20 年代的东方主义和艺术装饰潮流，那么拉帕萨别墅及其质朴的白墙则标志着香奈儿对简约风格的追求和向往。这种白色和米色的搭配方案在 20 世纪 20 年代风靡一时。艾琳·格雷的现代主义住宅 E1027 以白色为主色调，辅以黑灰两色，并通过不同颜色的地砖将开放式的起居室和卧室在视觉上进行空间隔断。墨菲的美国别墅也使用了黑白的配色方案，西里·毛姆（Syrie Maugham）则提倡使用纯白的室内设计。

据说香奈儿在修建拉帕萨别墅时还受到了欧亨尼娅·埃拉苏利斯（Eugenia Errázuriz）的拉米诺塞拉耶别墅的启发。欧亨尼娅的别墅位于比亚利兹，曾经吸引了一大批先锋派人士前往参观做客，包括让·谷克多、巴勃罗·毕加索、谢尔盖·达基列夫、伊戈尔·斯特拉文斯基等。欧亨尼娅出生于智利的上流社会，如今我们可以在约翰·辛格·萨金特（John Singer Sargent）的画中一睹这位美女的芳容。欧亨尼娅对拉米诺塞拉耶别墅 "简单且干净整洁" 的装修风格感到非常自豪。她推崇 "高雅意味着过时" 的设计理念，以极度精简的风格而闻名。她喜欢土红色的砖块、简约的家具、素雅的亚麻窗帘及用石灰水粉刷的墙壁，这些元素在 "美好年代" 具有革命性的意义。巧合的是，香奈儿在拉帕萨别墅中也用到了类似的元素，如土红色的地砖和陶罐。此外，欧亨尼娅还喜欢床单和毛巾反复清洗后散发出的薰衣草香气，而香奈儿也有类似的喜好。或许正因为兴趣相投，欧亨尼娅和香奈儿成了很好的朋友——在欧亨尼娅

在威尼斯的丽都岛，香奈儿穿着白色的沙滩睡裤，戴着水手帽，她的身旁站着罗马公爵劳里诺，摄于1937年

成为第三圣方济各会的修女后，香奈儿还专门为她设计了一款纯黑的修女服。[12]

除了在拉帕萨别墅中使用白色，20 世纪 30 年代早期，香奈儿还开始在时尚设计，特别是夏季的服装系列中大量使用白色。她告诉保罗·莫朗，自己喜欢"在古铜色的耳垂上佩戴白色的耳饰"，并声称自己最喜欢的沙滩造型是古铜色的皮肤搭配白色的衣服和首饰。[13] 对香奈儿来说，白色意味着干净整洁，这是奥巴辛修女们衣领的颜色，也是刚洗完的床单和衬裙的颜色。成年后的香奈儿仍然用着和修道院一样的纯白色棉质床单。她认为，白色"不能看上去

香奈儿爬在拉帕萨别墅的橄榄树上，照片中的其他人包括詹姆斯·菲尔德（James Field）女士、让·雨果一家及皮埃尔·科莱（Pierre Colle），罗杰·沙尔

像生奶油的颜色一样"，它必须白到刺眼。关于香奈儿 1922 年的春季服装系列，法国版《时尚》杂志写道："一股全新的服饰潮流席卷了康朋街，康朋街的空气中充满了春天的气息。在本次发布会上，香奈儿第一次尝试把所有白色的女装都放入同一个系列进行展示，这使人们仿佛置身于诺曼底的果园之中。"

在拉帕萨别墅的网球场上，香奈儿穿着白色的运动装挥洒汗水。1931 年，香奈儿又被拍到穿着白色的沙滩睡裤在威尼斯的丽都岛上散步。到了 1935 年，她设计的睡裤已经风靡里维埃拉。香奈儿说以前在丽都岛，人们都穿着湿漉漉的泳衣就餐，这样的行为看起来很不雅观，为改变这种现象，她设计了沙滩睡裤（灵感源自水手裤）。香奈儿在乘坐"飞云号"时特别喜欢穿裤装，因为穿着裙子爬楼梯很不方便。在香奈儿之前，很少有女性会穿裤装出门，因此香奈儿的设计可谓非常大胆。

1931 年 7 月，《纽约时报》报道称，沙滩睡裤"看上去似乎已经在时尚圈站稳了脚跟……去年夏天，只有少数人会穿着睡裤去比亚利兹的赌场和丽都岛就餐，但今年夏天，睡裤已经成了度假村的每个衣橱里必备的时尚单品"。除了睡裤，香奈儿还设计了一款"白色的莫洛干绉礼服，并推荐搭配土耳其长裤和莱茵石脚链"，这套装扮也大受好评。[14]

拉帕萨别墅的花园和庭院中盛开着晚香玉、薰衣草和鸢尾花，香奈儿常会坐在阴凉的回廊中，尽情地享受这美好的闲暇时光。每当心情不好时，她就会独自去橄榄树下吃午餐。香奈儿曾说："别墅里种着树，我们都在它的庇荫下生活。"园丁马里乌斯·阿涅利（Marius Agneli）从昂蒂布购买了一些有几百年树龄的橄榄树并将它们种在花园里。他还别出心裁地在通往别墅的小路上种了一棵橄榄树，营造出一种这条路是围绕着古树修建的错觉。[15]

在别墅的粉饰灰泥墙的映衬下，仙人掌和柏树构成了一幅美丽的风景画，一旁的橄榄树则在微风中轻轻地摇曳着。卢奇诺·维斯孔蒂（Luchino Visconti）是一位来自罗马的电影界翘楚，他曾在20 世纪 30 年代到访拉帕萨别墅。他说，香奈儿是第一位栽种"朴素"

香奈儿和她的爱犬吉戈特在拉帕萨别墅的薰衣草花园中，摄于1930年

植物，如薰衣草、橄榄树和仙人掌，而"舍弃诸如百合和玫瑰等名贵花卉"的人。[16]

香奈儿的旧情人艾提安·巴勒松的哥哥雅克·巴勒松（Jacques Balsan）及嫂子康斯薇露·范德比尔特（Consuelo Vanderbilt）居住在埃兹的巴勒松城堡。温斯顿·丘吉尔是城堡的常客，他喜欢在那边充满"斑驳阳光和薰衣草倩影"的花园里作画。[17]有趣的是，拉帕萨别墅的花园里也种满了紫色的薰衣草，不禁让人联想到奥巴辛修道院附近那片盛开的薰衣草。20 世纪 30 年代，香奈儿从拉帕萨别墅获得了很多设计灵感，如她的雪纺连衣裙和天鹅绒套装就采用了薰衣草和鸢尾花的紫色，1932 年的亮片晚礼服则选用了地中海

蓝色亮片晚礼服，让人联想起波光粼粼的地中海，制作于20世纪30年代

富有浪漫气息的浅色蕾丝晚礼服，其颜色与拉帕萨别墅中花朵的颜色类似，制作于1936年

的蓝色。此外，在别墅粉饰灰泥墙的启发下，1938 年的冬天，香奈儿还设计了一套希腊风格的蓝灰色紧身衣和围巾。

在修建拉帕萨别墅时，香奈儿希望能在保护个人生活隐私的情况下为留宿的客人提供舒适的体验，让他们拥有足够大的自由活动区域。因此，别墅的左侧翼楼被划分成了一系列独立的两居室套房，每个套房内都配有两间浴室和私人走廊，可以为结伴而来的客人提供足够的私密空间。每间浴室都设有一个仆人专用出入口，这样一来，仆人就可以在不打扰客人的情况下，随时打扫浴室并将换洗的衣服拿走进行清洗和熨烫。此外，别墅中还建有电子呼叫系统，该系统可以让仆人们准确地知道哪个房间需要他们提供服务。根据贝

拉帕萨别墅的背面图，向南看是罗克布吕讷 – 卡普马丹的海岸线

蒂娜·巴拉德的回忆："女仆们通过门厅悄悄地进入浴室和更衣间，为住客提供高效且隐秘的服务。清晨，当你按响呼叫器时，仆人立刻就会送来早餐以及装着热咖啡和热牛奶的保温壶。这样哪怕你继续睡个回笼觉，起床后仍然可以喝上热乎乎的咖啡。早上的拉帕萨别墅总是非常安静。"[18]

香奈儿招待客人的方式在那个年代并不常见，可以说她在里维埃拉开创了一种全新的休闲娱乐生活方式，并很快掀起了一股热潮。贝蒂娜补充道："拉帕萨别墅是我当时住过最舒适、最令人身心放松的地方。这里的生活与香奈儿在威斯敏斯特公爵的庄园里体验过的英式乡村生活截然不同。香奈儿曾说，在公爵的庄园里，'人们总是喜欢聚在一起，要么做针线活，要么盯着玫瑰园发呆，要么换衣服，要么在火堆旁取暖，要么在远离火堆的地方冻得瑟瑟发抖'。但在拉帕萨别墅，她可以选择独处，除非她自己想要与其他人交流，客人也享有同样的权利。"[19]

拉帕萨别墅的另一个特色是，这里的午餐和晚餐并没有仆人在一旁布菜，而是以自助的形式提供。在靠近餐厅窗户的位置，摆放着一张可能来自某所老学校的新哥特式大橡木桌子，桌上光秃秃的，连餐布都没有。每到用餐时间，客人们就会各自端着装满食物的盘子随意落座。

在拉帕萨别墅，客人们不仅可以尽情地享用刚出炉的意大利面、烤土豆、鱼子酱、英式冷盘、用新鲜栗子熬制的浓汤及各种法式经典菜肴，还可以无限畅饮来自不同产区的葡萄酒，如德国的雷司令、意大利的基安蒂和法国的博若莱。贝蒂娜说："吃午餐时，每个人都会时不时地离开桌子去自助餐桌那边尝尝新菜品，喝一大口浓烈的红酒，然后把坚果弄碎，搭配着柔软香甜的无花果干一起食用。午餐通常会持续供应至下午四点左右，让人不禁联想到薄伽丘（Boccaccio）笔下的场景。"[20]

香奈儿要求客人在早晨保持安静，并且鼓励大家在自己的房间里吃早餐，所以，在拉帕萨别墅，午餐标志着新一天社交的开始。贝蒂娜说："没人想要错过午餐，那是一件非常有趣的事。"香奈儿吃得很少，她更喜欢双手插兜地站在壁炉旁与他人闲聊，此时的她通常打扮得比较休闲，穿着套头毛衣和黑色休闲裤，戴着长串的珍珠毛衣链。另一位客人维斯孔蒂称，拉帕萨别墅就像是一栋"黄金屋"，他认为晚宴派对是别墅一天中最有趣的活动，不过一般只有 10 ~ 12 位客人受邀参加。

虽然客人们很少会去参加罗克布吕讷当地的娱乐活动，但如果有人想去山下的石滩游泳、去蒙特卡洛购物或去赌场玩乐，香奈儿就会安排私人司机随时接送。有时，客人们也会去附近的其他别墅拜访友人，如黛西·费洛斯的莱斯索拉德别墅，该别墅以游泳池和修剪整齐的巨大草坪而出名。不过，大部分情况下，每到夜晚降临，香奈儿和客人们都会围坐在壁炉旁一边细饮伏特加一边聊天，或者听米西亚弹奏钢琴。当丘吉尔来访时，香奈儿还会陪他玩皮克牌（一种法国的纸牌游戏）。为了让丘吉尔开心，香奈儿经常故意输给他。[21]

20 世纪 30 年代，香奈儿在拉帕萨别墅度过了大部分的夏日时光。在香奈儿影响力的作用下，别墅成了各界名流的聚集地，见证了那个时代的很多重大事件。传记作家克劳德·迪蕾曾说："当罗克布吕讷的别墅里开始弥漫晚香玉的味道时，人们就知道'小姐回来了'。"[22]

拉帕萨别墅给香奈儿，甚至同时代的其他艺术大师都带来了很多创作灵感。1938 年夏末至 1939 年的年初，萨尔瓦多·达利和他的妻子加拉（Gala）曾在此居住。达利透过其超现实主义的视角，在拉帕萨别墅完成了好几幅代表作。透过现存的影像资料，我们可以一窥达利在别墅的生活：在一张照片中，达利斜靠在别墅图书馆的壁炉架上；在另一张照片中，达利正在大厅的地板上向别人展示自己的一些重要作品，这些作品包括《帕拉第奥的惊喜走廊》（*Palladio's Corridor of Dramatic Disguise*）、《正在分娩着一匹啃电话的盲马的汽车残骸》（*Debris of an Automobile Giving Birth to a Blind Horse Biting a Telephone*）、《壮美的时刻》（*The Sublime Moment*）等。1938 年，达利在写给香奈儿的信中形容她是"让拉帕萨别墅变得更加迷人的美丽小鸟"[23]，因此也有传闻说，达利和香奈儿曾有一段短暂的恋情。

　　1953 年，香奈儿将拉帕萨别墅卖给了温斯顿·丘吉尔的文学经纪人、来自匈牙利的出版商艾默里·里夫斯（Emery Reves），他的夫人温蒂（Wendy）是一名很受欢迎的纽约模特。为促成这场交易，香奈儿还特意为里夫斯夫妇举办了一场晚宴。在晚宴上，香奈儿说："现在，这里已经成了我过去的一部分，今后，我将把这段记忆封存起来，然后大步迈向未来。这座房子的迷人之处就留给你们自己去探索和发现了。"[24] 当时，拉帕萨别墅的花园和网球场已经处于长期无人打理的状态，别墅内部的装潢也和二战前一模一样，因此里夫斯夫妇在入住前还有很多修缮工作要完成。很快，里夫斯夫妇便根据自己的喜好对拉帕萨别墅进行了翻修，他们不仅给天然的橡木墙板涂上了油漆，还添置了一些充满现代感的家具。这对夫妇是狂热的艺术品收藏爱好者，家里堆满了马奈、莫奈和雷诺阿等印象派大师的画作。[25]

　　在两代主人的经营下，拉帕萨别墅总是高朋满座，接待了众多访客。在香奈儿时期，别墅的访客有作曲家伊戈尔·斯特拉文斯基、服装设计师保罗·艾瑞比（Paul Iribe）、导演卢奇诺·维斯孔蒂、画家巴勃罗·毕加索和萨尔瓦多·达利等。在里夫斯夫妇时期，访客有摩纳哥王妃凯莉，演员诺埃尔·科沃德（Noël Coward）、葛丽泰·嘉宝（Greta Garbo）、埃罗尔·弗林（Errol Flynn）、克拉克·盖博（Clark Gable）及亚里士多德·奥纳西斯（Aristotle Onassis）等。此外，里夫斯夫妇将一整层楼都留给了温斯顿·丘吉尔使用，正是在这栋凉爽的地中海式别墅中，在香奈儿精神的影响下，丘吉尔完成了自己的回忆录。

香奈儿在康朋街沙龙里的单人照，鲍里斯·利普尼兹基（Boris Lipnitzki），摄于1937年

第八章：20 世纪 30 年代的香奈儿

他们通常会在我家待到第二天早上九点左右，

然后再沿着他们来时的路，穿过花园后离开。

地点：巴黎

时间：1930 ~ 1939 年

1930 年的春天，威斯敏斯特公爵与洛利亚·庞森比结婚，这标志着香奈儿与公爵的恋情走到了尽头。婚后，公爵带着他的妻子去巴黎拜访香奈儿。回想起那天的情景，洛利亚说当他们来到香奈儿位于圣奥诺雷市郊路公寓中那间"无比奢华"的客厅时，这位时尚偶像正坐在一把高大的扶手椅上，背后是一组华丽的科罗曼德屏风。"我安静地坐在她脚边的凳子上，她从上到下地打量着我，似乎想看看我这个新娘是不是配得上她曾经的仰慕者。在她的注视下，我丧失了自信，开始怀疑自己，或者说怀疑我穿的粗花呢套装是否通过了她的考验。"洛利亚写道。[1]

为庆祝俄国芭蕾舞团 1929 年巡演的圆满结束和纪念谢尔盖·达基列夫，香奈儿在位于圣奥诺雷市郊路的家中举办了一场盛大的派对，这场活动非常成功并成了当时热议的焦点。当晚，香奈儿私宅的花园内灯火通明，现场不仅有爵士乐队表演助兴，还有源源不断的鱼子酱和香槟供应。香奈儿的密友，同时也是达基列夫芭蕾舞团的明星演员谢尔盖·里法回忆道："那晚，我们喝了很多香槟。同往常一样，微醺的香奈儿开始跟男人们调情，她的轻柔细语让在场的每个人都相信香奈儿可能被自己诱惑了，空气中弥漫着一种暧昧的气息。然而，在凌晨两点左右，香奈儿突然抽身离去，后来我们才知道她只是为了去睡美容觉。香奈儿让现场的男性蠢蠢欲动，但结果却什么都没有发生，她只是在逢场作戏而已。她也在寻找幸福，寻找爱情。鲍伊曾经给香奈儿带来幸福和爱情，他是一位帅气的英国绅士，既富有又充满魅力，但他过早地离开了这个世界。最终，香奈儿只能借助声望和成功宣泄自己对这个世界的不满。"[2]

1929 年，香奈儿的好友达基列夫在威尼斯去世，但这也没能阻止她在公寓里举办各种奢华的派对。香奈儿外甥的女儿，与香奈儿同名，也叫嘉柏丽尔，她回忆起 20 世纪 30 年代在家里举办的这些派对时说道："我记得有一所大房子，门前的花园一直延伸到加布里埃尔大街，姨奶奶会在那里举办各种令人惊叹的派对。尽管在'市郊路时代'（香奈儿的公寓位于圣奥诺雷市郊路），我还只是一个必须早点睡觉的小女孩，但那次为纪念达基列夫而举办的派对让我至今印象深刻。那晚，乐队在灯火通明的花园里尽情演奏，到处都是人们的欢声笑语。"[3]

1931 年 7 月，那时正值炎炎夏日，香奈儿举办了一场花园派对，受邀参加派对的宾客包括艾提安·巴勒松的哥哥雅克和他的妻子、欧仁·冯·罗斯柴尔德男爵夫妇、德米特里·巴甫洛维奇大公、阿尔巴（Alba）公爵夫人、演员葛洛丽亚·斯旺森（Gloria Swanson）等。在报道这场派对时，《纽约时报》写道："香奈儿在平地上支起了一顶金色的巨型帐篷并用隐藏的大灯将其照亮，帐篷的尽头是一个由白色绣球花、丁香花和百合花组成的巨大花卉屏风。舞者和大使管弦乐队就在街对面为客人表演助兴……一直以来，香奈儿的派对都以其精美的装饰和充沛的艺术气息而闻名。作为派对的主人，香奈儿穿着白色的礼服站在人群中，与白色的花卉屏风相得益彰。"

时尚编辑黛安娜·弗里兰（Diana Vreeland）也曾受邀参加在圣奥诺雷市郊路举办的派对，她将香奈儿形容为"一头小公牛，脸颊红扑扑的，就跟杜本那红酒的颜色一样"。"在一个有喷泉的巨型花园里藏着最漂亮的沙龙，"她说，"在那里，香奈儿受到了来自全世界的关注。她的身边总是围绕着一群上流社会的精英，其中不乏画家、音乐家和诗人，每个人都陷入了香奈儿的魅力之中。"[4]

香奈儿回忆道："通常，每年我会举办两三次舞会，以及大大小小的晚宴派对。在这些活动中，我从来不会让客人正襟危坐地聚在一起用餐。我喜欢把食物以自助餐冷盘的形式提供给大家，席间，会有服务生给客人提供酒水服务。我相信，没有仆人我们也可以照样生活。我在英格兰生活过，不是吗？威斯敏斯特公爵家的英式早餐就是冷肉和粥，这样无论白天还是黑夜，大家随时都有食物可以吃。伴随着美妙的音乐，我与客人们推杯换盏、觥筹交错。他们通常会在我家待到第二天早上九点左右，然后再沿着他们来时的路，穿过花园后离开。"

20 世纪 20 年代的无忧无虑在 1929 年华尔街大崩盘中戛然而止，很多富人在一夜之间倾家荡产，纽约和巴黎的很多酒吧因此面临无法追回客人欠款的难题，那些用分期付款的方式购买礼服的人也无力向时装精品店支付尾款。很多设计师的生意都在这场金融风暴中遭受重创，其中就包括后来破产的普瓦·波烈。一夜之间，时尚圈的设计风格发生了巨大的转变。

从 20 世纪 20 年代盛行的摩登女郎造型来看，大萧条时期的时尚具体表现为一种诱人的奢华，如用极好的面料制成的紧身拖地纯色礼服。女性的魅力和货真价实的珠宝为世人提供了一种可以逃离大规模失业和破产的错觉。1930 年 2 月，香奈儿发布了两款及地晚

威廉·T.韦特莫尔（William T. Wetmore）女士穿着由奥古斯塔·伯纳德（Augusta Bernard）设计的黑色缎面蕾丝长裙，蒂尔顿·霍尔姆森（Tilton Holmsen）女士穿着由香奈儿设计的有郁金香图案的白色欧根纱长裙，《时尚》杂志，摄于1934年

香奈儿穿着标志性的白色飞边衬衣和黑色外套，
摄于1939年

模特戴着香奈儿的"臻品珠宝"系列，摄于
1932年

礼服，一黑一白，礼服采用高腰设计，十分修身，下摆具有一定的
垂坠感，预示了未来十年的时尚流行趋势。[5]

　　1931 年春天，香奈儿用绉纱和欧根纱制作了多件白色、水蜜桃
色及咖啡色的礼服长裙，并天马行空地将薄纱、天鹅绒、蕾丝、缎
带等多种面料结合在一起，让人不禁联想到战前的"美好年代"，
这些长裙一经推出便大受好评。1930 年 6 月，法国版《时尚》杂志
在报道香奈儿设计的欧根纱长裙时写道，这款连衣裙"专为身材瘦
小的女性设计。只需搭配合适的头巾和珠宝，她就可以充满自信地
走进任意一家餐厅，每个见到她的人都会发自内心地赞叹道：'她
真的太美了！'没有什么设计比这种简单、轻盈的欧根纱及花边剪
裁更能衬托出年轻女性的优雅气质了"[6]。

香奈儿的设计总是充满天真烂漫的想法，她使用粗花呢和天鹅绒面料制作外套，并用有荷叶边领口的纯白衬衣与它们搭配。她把这样的穿搭造型解释为"白天低调的毛毛虫，到了晚上就会破茧成蝶，惊艳众人"。在众多设计中，最具香奈儿特色的当属一件领口和袖口为白色的黑色连衣裙，裙子的外观类似于法国女仆的制服或修女的道袍，其设计灵感很可能源自香奈儿在奥巴辛修道院里的记忆。

尽管香奈儿一直提倡使用人造珠宝，但到了 20 世纪 30 年代，当大众开始追求奢华魅力的时候，真正的珠宝再次回到了时尚舞台的中心。为紧跟时尚潮流，香奈儿开创了"臻品珠宝"系列，并于 1932 年 11 月在圣奥诺雷市郊路的私人公寓中展示这些珠宝。在这次展览中，公寓内大量精美的科罗曼德屏风成了衬托这些华贵珠宝的绝佳幕布。该系列钻石珠宝的设计蕴含了大量的宇宙元素，其灵感很可能来自奥巴辛修道院地面上的星月马赛克镶嵌画。其中，有一个蝴蝶结钻石项圈，它看上去就像在模特的脖子周围缠绕了一圈用钻石组成的星座图案，然后在前面系了个蝴蝶结。考虑到珠宝的保值性，香奈儿设计的很多首饰都被赋予了多种功能，比如，耳环可以变成胸针别在胸前，项链可以变成冠冕戴在头上。[7]

为避免自己的时尚产业受到经济大萧条的冲击，香奈儿采取了各种开源节流的方法。她不仅打折出售服装和珠宝产品，还在制作一些礼服时使用棉布代替丝绸以降低成本。在蒙特卡洛，香奈儿经德米特里大公的介绍认识了好莱坞电影的先驱人物——塞缪尔·高德温（Samuel Goldwyn）。高德温以 100 万美元的高薪聘请香奈儿加入他的电影工作室并为他的电影制作剧服，香奈儿接受了他的邀请。此后，香奈儿的事业在好莱坞飞速发展。尽管当时的美国仍处于经济大萧条之中，但美国观众依然喜欢结伴去电影院观看最新的电影，他们渴望看到自己喜欢的明星穿着令人惊叹的剧服出现在荧幕上。高德温相信这位巴黎最出色的女装设计师会利用她设计的服装为电影吸引更多的观众，从而让自己从中获得更多的利润。

1931 年 2 月 25 日，香奈儿和米西亚乘船前往纽约，随后，她们又坐着火车穿过大半个美国去往洛杉矶。一路上，她们都住在一个放满白色装饰物和香槟酒的车厢内。当火车抵达洛杉矶后，香奈儿先是在联合车站接受了一大群记者的欢迎和采访，然后又被邀请参加一连串派对，在这些派对上，香奈儿结识了很多好莱坞的顶级明星，如玛琳·黛德丽（Marlene Dietrich）、克劳黛·考尔白（Claudette Colbert）、乔治·丘克、凯瑟琳·赫本（Katharine Hepbum）等。

很快，塞缪尔·高德温便按照承诺为香奈儿提供了一间工作室以及一群任她支配的裁缝、刺绣工和染色工，于是香奈儿开始正式投入新的工作。她参与的第一部电影是歌舞剧《全盛时代》（*Palmy Days*），为女主角芭芭拉·威克斯（Barbava Weeks）设计剧服。

然而，令人意想不到的是，香奈儿很快就厌倦了美国"狂欢节"般的生活以及洛杉矶各种"庸俗"的泳池派对。幸好参演电影《就在今夜》（*Tonight or Never*）的明星葛洛丽亚·斯旺森和她的新任丈夫迈克尔·法玛尔（Michael Farmer）以及另一位演员诺埃尔·科沃德（Noël Coward）都居住在法国，于是高德温同意让香奈儿返回巴黎继续设计这部电影的服装。回到巴黎后，有一天，斯旺森去康朋街为新电影试装，然而，由于变胖了，她很难塞进原本合身的黑色斜裁礼服，这让香奈儿非常不满。

其实，斯旺森那时候已经怀孕六个月了。后来，斯旺森在自己的回忆录中描写了香奈儿敦促她减肥的情景："你的体重不能在试装过程中随意浮动。赶紧脱掉你的紧身衣并减掉五磅，至少五磅！"斯旺森告诉香奈儿自己因为怀孕不能减重。为了解决这个问题，香奈儿只能设计出一款及膝的束腹内衣。每次，斯旺森都需要先在别

电影《就在今夜》的剧照，剧照中的葛洛丽亚·斯旺森穿着香奈儿黑色晚礼服，摄于1931年

香奈儿在康朋街的工作室，摄于1933年

人的帮助下穿上束腹内衣，然后才能把自己塞进那件黑色礼服里。当《就在今夜》上映后，人们发现香奈儿服装优雅的设计与好莱坞华而不实的风格格格不入，虽然这些服装很美但并不能让观众眼前一亮。最终，这部电影票房平平，没能取得预期的成功。[8]

香奈儿参与的第三部也是最后一部由高德温制作的电影是喜剧《希腊人有一种说法》（*The Greeks Had a Word for It*），这部电影于 1932 年上映，讲述了互为竞争对手的三个拜金女之间的故事。《时尚》杂志对电影中艾娜·克莱尔的白色绸缎睡裤赞不绝口，这款睡裤与香奈儿在威尼斯丽都岛穿过的那套如出一辙，在 20 世纪 30 年代可谓风靡一时。

1931 年，香奈儿已经开设了 26 间工作室，雇用了约 2400 名员工。她会于每年 2 月 5 日和 8 月 5 日举办两场时装发布会，平均每场大约需要准备 400 件服装。记者珍娜·福兰纳是这样描述香奈儿的工作状态的："香奈儿不会画设计图，也不喜欢动手缝制。她通常会先向首席助手描述她脑海中浮现出的设计，然后该员工会根据香奈儿的描述初步制作出样衣，但毫无疑问，香奈儿每次都很不满意，因为实物总是和她想象中的样子相差甚远。"无论是面对员工还是顾客，香奈儿都会坚持自己的想法，丝毫不会让步和妥协。她有一副低沉的嗓音、一张性感的大嘴和一双充满"甜蜜约会色彩"的眼睛，但她却可以说出任何不留情面的话并用蔑视的眼神秒杀一切。[9]

香奈儿不喜欢画设计草图，而是通过拼接一种被称为薄麻布的平纹细布面料来体现她的设计想法。首先，她会把整块布料覆盖在真人模特的身上，然后根据自己的想法不断地修剪布料并用钉针固定衣服的轮廓。在整个创作过程中，香奈儿都要求模特保持笔挺的站姿，直到她对设计满意为止。通常，这一过程会长达好几个小时，因为香奈儿认为："和建筑设计一样，在时尚设计中，比例是决定成败的关键因素。"最后，工作室的首席助手们会根据香奈儿完成的薄麻布造型，用实际布料来制作成衣。

1934 年，贝蒂娜·巴拉德正式成为巴黎《时尚》杂志社的时尚编辑，她承认说："我第一次因为杂志社的业务关系去康朋街拜访香奈儿时，被她吓坏了。采访时，香奈儿瞪着黑亮的眼睛直勾勾地看着我，让我不敢轻易动弹，但也正因为如此，我才有机会近距离地观察她。香奈儿身材娇小，却打扮得像个男孩一样。她的格纹毛衣背心上坠着珍珠，我觉得这些珍珠应该都是真的。香奈儿的站姿非常独特：臀部前倾，小腹收紧，肩膀微微放松，两只脚一前一后。她一只手插在裙子的口袋里，另一只手则在空中生气地挥舞着。"[10]

据贝蒂娜回忆，香奈儿在接受采访时一直滔滔不绝地说着，"我设计的时尚服装满足了女性的日常穿着需求。这些服装的面料舒适、剪裁合身，不会让人感到被束缚得难以呼吸，甚至还能让穿衣者显得更加年轻。你看见这条裙子了吗？在任何场合中，我都不会因为它感到行动不便，穿着它，我可以随意走动，如果愿意，我甚至可以快跑。但是，再看看你，你穿得就像被裹在一根管子里一样。你还年轻，你还可以学习……"

香奈儿很喜欢那些一次性订购二三十件衣服的顾客，她曾说："只买一件衣服的人就是在浪费时间和金钱。"香奈儿将那些特别富有的顾客称为"朵拉、黛西、多萝西或黛安"，另外还有一群特殊的顾客被她称为"天使"或"亲爱的"。这类顾客通常会采用赊账的方式订购礼服，并在参加完宴会后的第二天来店里退货或试图半价换购其他衣服。对此，香奈儿讥讽道："天使从来不付现金……天使从来不付钱。"[11]

五号香水的成功为香奈儿带来了巨额财富，也让她有资本不断扩充自己名下的房产。她陆续购置了作家科莱特在蒙福尔拉莫里的老宅、威尼斯一套带家具的公寓以及一座有护城河环绕的诺曼底城堡。该城堡位于利雪附近的勒梅斯尼吉洛姆，闲暇时，香奈儿喜欢去那里狩猎野猪。1931 年 9 月，法国版《时尚》杂志把这座城堡描述为一个如童话般美好且与世隔绝的地方，远远望去，护城河平静的水面上倒映着城堡红白相间的塔楼及红砖屋顶。[12]

杂志的文章还提到了城堡中"宏伟的石阶"、"风景如画的庭院和两侧的木雕立柱"、彩绘玻璃窗及装着"精致铁艺栏杆的楼梯"。

城堡的素描，香奈儿于20世纪30年代早期购入了这座位于诺曼底卡尔瓦多斯省勒梅斯尼吉洛姆市镇的城堡

城堡的巨大会客厅中铺着金色的木质地板，摆放着罩有柠檬黄天鹅绒椅套的原木椅子及各种路易十五时期的家具，墙上的镶木窗户足足有天花板那么高。穿过沙龙，沿着带扶手的巨型石质楼梯缓步而上，映入眼帘的是一个有裸露木梁的走廊。这个"宏伟的石阶"看上去非常像拉帕萨别墅中的石阶，因此深得香奈儿的喜欢。[13]

这座城堡采用中世纪的建筑风格，在其影响下，香奈儿设计了一系列礼服。1931 年 2 月，法国版《时尚》杂志刊登了这些礼服的照片，并写道："这是一件用金色绸缎制成的礼服，不是蕾丝……衣服的缝线和袖子的设计都令人叹为观止。"此外，文中还提到了一件中世纪风格的淡绿色真丝长袖晚礼服，并在配图中搭配了一条莱茵石水钻腰带。香奈儿非常喜欢美第奇家族佛罗伦萨式的风格，她经常把连衣裙和拜占庭十字架搭配在一起。[14]

上图：披肩长裙套装，底层是淡黄色的绉绸，外层是有山茶花图案的蕾丝，制作于20世纪30年代早期，现藏于苏格兰国家博物馆

下图：淡粉色的薄纱晚礼服，背后有垂褶设计，制作于约1930年，现藏于苏格兰国家博物馆

与威斯敏斯特公爵和平分手后，香奈儿在 1932 年与插画师、服装设计师兼室内设计师的保罗·艾瑞比建立了恋爱关系。艾瑞比于 1883 年在法国南部的昂古莱姆出生，父母都是巴斯克人。艾瑞比 17 岁入行并开始为讽刺杂志绘制插画，其现代主义的画风很快就引起了普瓦·波烈的注意。不久后，波烈决定聘请艾瑞比为自己画服装设计手稿，这

香奈儿镀金项链，配有玻璃、人造珍珠等装饰物，现藏于苏格兰国家博物馆

些手稿后来都被收录在了 1908 年出版的《普瓦·波烈的长裙》（Les Robes de Paul Poiret）一书中。艾瑞比的第一任妻子、女演员珍妮·迪里斯（Jeanne Dirys），曾经戴着香奈儿设计的宽檐帽子出现在 1911 年《时尚画报》杂志的封面上。1919 年，艾瑞比移居好莱坞并在那里为塞西尔·布朗特·德米尔（Cecil B. DeMille）的史诗级电影设计服装。后来，艾瑞比与导演闹翻，于是带着他富有的第二任妻子梅贝尔·霍根（Maybelle Hogan）返回巴黎。

在梅贝尔的资助下，艾瑞比在圣奥诺雷市郊路开了家店，专门出售自己设计的家具和珠宝首饰。这家店就在香奈儿公寓的不远处。跟米西亚·塞尔特和让·谷克多一样，艾瑞比也是一位依赖药物成瘾的艺术家。此外，他还是一个极端爱国主义者和反犹太主义者。

1933 年，回到巴黎的艾瑞比开始重新发行他创办的政治杂志《证人》（Le Temoin），该杂志曾在 1906 ~ 1910 年间发行，后来由于艾瑞比事业中心的转移，这本杂志就停刊了。这一次，香奈儿成

了该杂志的赞助人之一。重新
发行后的《证人》中不仅刊登
了艾瑞比阴暗的、充满极端民
族主义思想的插画，还将香奈
儿比作法国自由的象征——玛
丽安的化身，此举直接向世人
公开了他与香奈儿的恋情。作
家科莱特将艾瑞比称为"最有
趣的恶魔"，她和香奈儿的其
他朋友都对这段恋情表示极为
震惊。

　　艾瑞比称，他和香奈儿之
间充满了激情，他也是为数不
多知道香奈儿真实过往的人之

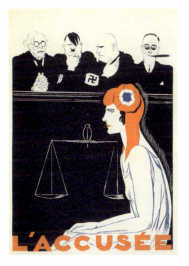

《被告人》（The Accused），描绘了拉姆齐·
麦克唐纳、希特勒、墨索里尼和罗斯福在审判以
香奈儿为原型的玛丽安（法国的象征之一）时的
情景，保罗·艾瑞比，绘于1934年

一。在香奈儿和艾瑞比"追寻青春足迹"的旅途中，他们不仅一起
参观了穆朗城，还游览了奥巴辛的修道院。对此，香奈儿回忆道："我
们找到了姨妈的家。当我走在种满酸橙树的林荫路上时，仿佛时光
流转，我又回到人生的起点。"[15]

　　除了激情，香奈儿和艾瑞比之间也有剑拔弩张的时候。香奈儿
曾经抱怨道："在我认识的人中，性格最复杂的就是保罗·艾瑞比，
但他经常会批评我活得不够简单。"艾瑞比不止一次地指责香奈儿
住在圣奥诺雷市郊路的联排大别墅中的行为，并多次逼问她为什么
需要那么多的仆人和家具。[16]

　　为了安抚和迁就艾瑞比，香奈儿搬离了奢华的私人公寓，转而
在靠近康朋街的一栋小房子里租下了两个房间。她介绍道："我新

租的房子是一套普通的公寓，里面甚至都没有浴室，所以我自己修建了一个。我还改建了另一个房间，用来存放一些我喜欢的书籍、一扇科罗曼德屏风、两个加热器和几块精美的地毯。"随后，香奈儿告诉艾瑞比自己已经开始"寄宿"并"过着朴素的生活"。没想到，得知消息后的艾瑞比却又因为香奈儿真的搬出豪宅而感到恼火。

艾瑞比的反应令香奈儿错愕不已，她对艾瑞比说："你想让我离开有木地板、大理石和铁艺的奢华生活，我做到了。你看，这就是我以后要住的地方。守门人会在楼梯间做饭。走路时，你的脚还会时不时地踢倒空牛奶瓶。这难道不就是你想让我过的，也是你自己想过的生活吗？"[17]

对此，艾瑞比表示，自己不习惯住在"这样简陋的房子"里。最终，他与香奈儿经过协商达成共识，决定一起搬入丽兹酒店居住，与此同时，香奈儿将自己的家具、衣物及其他物品运至康朋街 31 号的三楼存放。之前，香奈儿一直把拉帕萨别墅当成自己真正的家，丽兹酒店和康朋街的精品店都只是她在巴黎生活时暂时居住的地方。艾瑞比的出现无疑改变了香奈儿原本的生活节奏，香奈儿甚至因此无情地解雇了自己的管家约瑟夫，要知道约瑟夫已经勤勤恳恳地为香奈儿服务了整整 16 年。当然，这另一方面也归咎于经济大萧条的时代背景，香奈儿不得不节省开支。

1935 年 9 月，艾瑞比从巴黎出发去拉帕萨别墅看望香奈儿。抵达别墅的当天上午，他和香奈儿进行了一场网球比赛。当比赛进行到一半的时候，香奈儿走到网前指责艾瑞比的击球力度太大，让她招架不住。戴着墨镜的艾瑞比看着香奈儿，突然心脏病发，继而跌跌撞撞地摔倒在地。艾瑞比被立刻送往芒通当地的一家诊所抢救，但再也没能醒来。看着爱人在自己眼前去世，香奈儿深受打击，此后，

"20世纪30年代，我从香奈儿那儿购买了大量的服饰，无论是日间装、夜间装，还是配饰，其中包括吉卜赛低领裙、华美的锦缎礼服、短款上衣、插在头发中的玫瑰花……"

她再也没有踏入过那片网球场，任凭那里长满了荒草。为寻求内心的平静，黯然神伤的香奈儿决定再次全身心地投入工作。

从拉帕萨别墅返回巴黎的香奈儿迅速开始为 1936 年的服装发布会做准备。这次，她决定延续经典，继续采用束腰外套和粗花呢外套搭配裙装的造型设计。然而，此时的巴黎时尚界新秀辈出，其中有一位新锐设计师更是让香奈儿在职业生涯中第一次感受到了威胁，她就是艾尔莎·夏帕瑞丽（Elsa Schiaparelli）。夏帕瑞丽以其大胆的超现实主义设计风格广受欢迎，无论是她独自设计的鱼形纽扣和不对称毛衣，还是她与达利合作设计的龙虾裙，都让香奈儿的设计看上去有些过时。即便如此，香奈儿还是拒绝接受夏帕瑞丽的时尚品位，并总是用"那个意大利女人"来代指夏帕瑞丽。香奈儿宣称她更倾向于选择风格而不是瞬息万变的时尚本身，但是时尚编辑们却很快就接受了夏帕瑞丽那些充满乐趣且缤纷多彩的创新设计。

艾尔莎·夏帕瑞丽的私人公寓位于圣日耳曼大道，屋内不仅有橘色的真皮沙发、坚硬的白色塑胶窗帘和椅套，还有铺着黑色玻璃的桌子。她第一次在这栋公寓中举办晚宴时，香奈儿也在受邀之列。夏帕瑞丽回忆道："当香奈儿看到我房间里的现代化家具和黑色盘子时，她浑身颤抖，仿佛走在墓园中似的。"[18]

尽管年轻设计师的出现改变了时尚潮流，但香奈儿依然有一批忠实的追随者。他们喜欢香奈儿服装的剪裁方式和自由舒适的穿着体验，著名时尚编辑黛安娜·弗里兰正是其中的一员。她说："我爱香奈儿设计的衣服。说起套装，每个人都会想到香奈儿，当然这是后话。20 世纪 30 年代，我从香奈儿那儿购买了大量的服饰，无论是日间装、夜间装，还是配饰，其中包括吉卜赛低领裙、华美的锦缎礼服、短款上衣、插在头发中的玫瑰花、亮片面纱及丝带，它们都太美了。"[19]

除了经营时尚产业，香奈儿还时常会受邀为电影和舞台剧设计剧服。她曾为让·雷诺阿（Jean Renoir）的电影《游戏规则》（La Règle du Jeu）设计服装。该电影讲述了一个发生在法国乡村庄园中的故事。这个庄园有些像二战前的皇家地庄园，虽然庄园里的生活充满了各种奢靡的舞会派对和狩猎活动，但电影的深层主题却是死亡。此外，香奈儿还曾为谷克多的两部作品——《圆桌骑士》（Les Chavaliers de la Table ronde）和《俄狄浦斯王》——设计剧服。

1936 年，法国左翼党派当选执政党，这一选举结果让法国的工人阶级备受鼓舞。为了给自己争取更多的权益，工人们纷纷走上街

香奈儿的员工在康朋街精品店外参与罢工，摄于 1936年6月

香奈儿套装，来自1936年2月发布的服装系列

头参与罢工游行来表达内心的诉求。1936 年 6 月，一位摄影师捕捉到的画面显示了香奈儿及其员工在这场游行活动中的微妙关系。照片中的香奈儿正从丽兹酒店在康朋街一侧的门走出来，她非常震惊地看到她的店员也在街上参加抗议活动。后来，她回忆说："那段时间，到处都充满欢声笑语，房子里一直回荡着手风琴的声音。"但实际上，香奈儿非常生气，因为她不仅每年都会给员工一周的带薪休假，还特意在米米藏购买了一栋别墅供员工度假时居住，结果员工却一点也不懂得感恩，还跑去参与罢工游行并提出了更多的要求。香奈儿认为员工的这种行为是对她个人的侮辱和挑衅。

香奈儿对朋友们十分慷慨，她一直为谷克多支付高昂的戒毒和酒店费用，还为斯特拉文斯基、勒韦迪和达基列夫提供资金支持，但她却坚持拒绝为员工加薪，无论她们的工作时长和年限有多长。香奈儿说："她们都是漂亮的女孩，为什么不找个情人呢？她们应该毫不费力就可以找到一个有钱人来包养她们。"[20]这番说辞无疑让人有些恼火。

面对这场由工人阶级发起的罢工游行，为了重新掌握主动权，香奈儿拒绝与来丽兹酒店谈判的员工代表见面。然而，当她打扮妥当、戴着珍珠项链、高傲地出现在康朋街精品店的时候，却被自己的员工挡在门外。罢工游行愈演愈烈，完全没有停止的迹象。最终，为了能够按时完成秋季服装系列的设计与制作，香奈儿不得不向员工妥协，她与部分员工达成一致并签订了新的雇佣协议，而另外300 名拒绝在协议上签字的员工则被解雇。对此，香奈儿评论道："那些女孩就是白痴。"

20 世纪 30 年代后期，动荡的局势和不安的情绪席卷了整个欧洲。这段时间，夏帕瑞丽成了时尚媒体关注的焦点。虽然香奈儿因此流失了部分潜在顾客，但她依然专注于设计和制作剪裁精美的服装。1938 年 7 月，英国版《时尚》杂志细致地描写了巴黎夜生活中的时尚穿搭："那些优雅的女性把头发梳成云朵的形状，戴上精美的珠宝饰品，穿着著名的香奈儿黑色蕾丝连衣裙，双肩裸露。"[21]根据贝蒂娜·巴拉德的回忆，香奈儿向她展示过一条剪裁完美的无肩带蕾丝连衣裙。"在那个年代，女性的晚礼服几乎都有肩带或 V 领，但香奈儿却敢于打破常规，这种裸露双肩、完全解放身体的大胆设计开启了全新的晚礼服潮流。"[22]

1938 年，香奈儿推出了吉卜赛系列，以有蓬松袖子的农民衬衣、刺绣图案、短外套、弗拉门戈风格的裙子和别在肩头的山茶花为特色。该系列服饰色彩丰富、设计性感，在一定程度上缓解了战争阴云下人们压抑的心情，因此大受好评。

此时的欧洲已经危机四伏，在最后几个月的和平时光里，香奈儿忙于出席各种派对及不同主题的化装舞会，如东方舞会、森林舞会、绝世舞会等。在博蒙特伯爵举办的舞会上，香奈儿把自己打扮成一个"无情的美女"。后来，她又与鲍伊的老朋友盖伊·德·格拉蒙特一起参加门德尔女爵在凡尔赛宫举办的 700 人派对，变身为小马、小丑和杂技演员的演出总指挥。整个夜晚，她几乎一直都在和温莎公爵夫人华里丝·辛普森（Wallis Simpson）闲聊。夏日的其他时间，香奈儿都待在拉帕萨别墅。[23]

1939 年 9 月，第二次世界大战全面爆发。当月的《时尚》杂志刊登了一张香奈儿的照片，照片中的她穿着粗花呢夹克，手里夹着烟，看着一个模特在试衣。模特穿着一件天鹅绒收腰西服，领口和袖口都饰有蕾丝。"香奈儿满意地看着这件收腰天鹅绒华托式西服。"杂志中这样写道。显然，香奈儿被塑造成了一位时刻关注自己时尚地位的女王。[24]

9 月 2 日，法国宣布正式参战，这一天香奈儿还住在丽兹酒店里。尽管法国政府要求香奈儿继续设计服装以鼓舞士气，但三周后，她还是决定关闭时尚工作室并遣散了将近 4000 名员工，这或许也是对她们曾经参与罢工游行的惩罚。战争期间，只有康朋街 31 号的店铺继续营业，但也只出售香水和珠宝产品。战前，香奈儿设计的最后一件作品是一套红、白、蓝三色的晚礼服，充满了爱国主义情怀。此后，令人意想不到的是，这位已经引领潮流超过 20 年的时尚领袖突然宣布隐退，直到 15 年后，香奈儿才又带着她设计的礼服重新回归时尚界。

香奈儿在巴黎丽兹酒店的套房中，弗朗索瓦·科拉尔（Francois Kollar），摄于1937年

第九章：丽兹酒店

我就像蜗牛一样，背着房子四处行走。

我习惯带着两扇中式屏风和各种书籍来往各地。

我从来没有在开放式的房子里住过，每到一个新地方，我要做的第一件事就是找屏风。

地点： 巴黎

时间： 1935 ~ 1971 年

1935 年 7 月，香奈儿搬入丽兹酒店长住，这里也成了她余生在巴黎时的固定居所。香奈儿选择住在酒店里是因为"你甚至不用出门就可以吃到你想吃的任何东西，不必像奴隶那样一到了午餐时间就不得不赶着去吃饭"[1]。

1898 年，丽兹酒店正式开业，成了自由新潮的艺术家和知识分子、女演员及应召女郎的聚集地。该酒店坐落于旺多姆广场 15 号，曾经是旺多姆公爵的官邸，与法国司法部毗邻。[2]

丽兹酒店地处时尚街区的中心，周围有各种新艺术风格的茶餐厅、女帽店和时尚精品店，是现代和奢华的象征。该酒店曾出现在很多名人的作品中，如弗朗西斯·斯科特·菲茨杰拉德就在他的小说中幻想过有像丽兹酒店那么大的钻石；欧文·柏林（Irving Berlin）在歌曲《盛装打扮去丽兹》（*Puttin'on the Ritz*，歌名中的"Ritz"是双关语，也可译为"打扮得光鲜亮丽"）中用年轻黑人的口吻写道："为了美妙时光（在丽兹酒店）挥霍一空"；欧内斯特·海明威也曾表示："在巴黎，你不入住丽兹酒店的唯一原因就是你付不起费用。"

丽兹酒店的创始人是来自瑞士的恺撒·丽兹（César Ritz），为了保证顾客的隐私和舒适的入住体验，他亲自参与了酒店整体布局的设计。经过反复地修改和推敲，恺撒最终决定不在酒店中设立传统的大堂以阻止窥视者和无业游民进入酒店，取而代之的是，他在大厅中修建了一个巨型楼梯。后来，这个楼梯成了出席晚宴的客人在万众瞩目下亮相的理想场所。在恺撒离世后，他的遗孀玛丽-路易斯·丽兹（Marie-Louise Ritz）用长廊将这座 18 世纪的建筑宫殿与康朋街上两侧相邻的建筑连接起来，这正好满足了可可·香奈儿的需求。³

改建后的丽兹酒店在康朋街上就有出入口，而康朋街 31 号恰好就在街对面，这大大缩短了香奈儿上班的路程。为了及时在店里喷洒香奈儿五号香水迎接她的到来，香奈儿的员工和酒店的门卫达成了某种默契。每当香奈儿快要走出酒店时，康朋街 31 号的员工就会收到来自丽兹酒店门卫的提醒。除了缩短路程，酒店位于康朋街的出入口也让香奈儿可以避开夏帕瑞丽于 1935 年在旺多姆广场新开的精品店。这家精品店装修得富丽堂皇，夏帕瑞丽还经常讽刺康朋街地处丽兹酒店的"背面"，她说："我使用丽兹酒店的正门，而可怜的香奈儿只能使用后门。"⁴

丽兹酒店的设计风格完全符合香奈儿的审美喜好，无论是柔和的杏色灯光，还是融合了大理石、木材和黄金的室内装潢。1934 年，香奈儿搬入丽兹酒店时还额外获得了一间位于酒店二楼的会客厅，屋里铺着雅致的木地板，窗外便是旺多姆广场的美景。酒店套房的装修风格与香奈儿位于康朋街的私人公寓类似，都以偏暖的黄色调为主，而且都充满了各种东方元素。香奈儿曾说："我就像蜗牛一样，背着房子四处行走。我习惯带着两扇中式屏风和各种书籍来往各地。

我从来没有在开放式的房子里住过，每到一个新地方，我要做的第一件事就是找屏风。"

步入酒店套房，客厅里有一个壁炉，火焰在壁炉中跃动，使整个空间变得非常温暖。除了壁炉，客厅中还摆放着各种香奈儿喜欢的物件，如科罗曼德屏风、米色沙发、镀金的木雕艺术品等。相较而言，香奈儿的卧室看起来更加简洁质朴，没有太多的装饰。一旁的梳妆台上放着威斯敏斯特公爵赠送的两个红色的首饰盒、一块包着珠宝的麂皮以及一些化妆刷和剪刀，墙上挂着香奈儿外甥的女儿（嘉柏丽尔）的照片。

贝蒂娜·巴拉德在一次采访中曾经详细介绍了香奈儿在丽兹酒店的生活："20世纪30年代的某一天，我和艺术家贝贝·贝拉德（Bébé Bérard）在傍晚时分去丽兹酒店造访香奈儿，为她的新款毛衣造型绘制手稿，那是一件宽松的平纹针织短裙，腰部系有一个漂亮的罗缎蝴蝶结，搭配一条串满珍珠和祖母绿宝石的项链……香奈儿一直很怕冷，因此屋内的壁炉中永远燃烧着柴火。后来，香奈儿带我走进她的卧室，眼前的景象令我大吃一惊。她的卧室简直就是一间小的无菌病房，一张又小又窄的床上放着一个十字架，黄铜的床架上挂着一串念珠。此外，卧室里还有一张桌子和一张直椅，其他就没什么了……"[5]

20世纪30年代末期，温斯顿·丘吉尔是巴黎的常客，因此经常与香奈儿在巴黎会面。其中最难忘的一次发生在1936年12月，当时丘吉尔赶来巴黎是为了劝说爱德华八世不要与华里丝·辛普森结婚。让·谷克多在日记中记录了那次会面的场景，当晚，他和丘吉尔父子一起在香奈儿的套房里吃晚餐，席间，丘吉尔因为自己无力阻止爱德华八世退位而感到极度失望，他喝得酩酊大醉并趴在香奈儿肩头放声哭泣。

丽兹酒店餐厅内景，香奈儿在酒店居住期间曾长期包下了一张餐桌，摄于2016年

香奈儿在舒适的丽兹酒店里住了50年之久

1939 年，战争爆发后，丽兹酒店成了当时特权阶级及有钱人的避难所，上流社会的顾客都争相住进这里以寻求庇护。为了打仗，政府不得不进行大规模征兵，这无疑让巴黎的富人们失去了大批雇员，于是这些富人索性离开自家别墅并搬入他们认为安全的酒店居住，丽兹酒店就是其中之一。谷克多在香奈儿的资助下住进"兔子洞"（rabbit hole）房间，雷金纳德（Reginald）和黛西·费洛斯搬入"皇家套房"，门德尔女爵则选择入住"帝国套房"。

在这段时间里，香奈儿经常与谷克多和他的伴侣让·马莱（Jean Marais）、男演员萨沙·吉特里（Sacha Guitry）及芭蕾舞者谢尔盖·里法一起用餐，他们十分喜欢酒店提供的食物，如尼斯吞拿鱼沙拉、牛肉饼、烤苹果馅饼、冰镇博若莱红酒等。餐后，他们通常还会去丽兹的酒吧放松一下，抽一支烟，喝一杯鸡尾酒。[6]

在整个 20 世纪 30 年代，丽兹酒店一直都是温莎公爵夫妇（爱德华八世及华里丝·辛普森）最喜爱的娱乐场所，他们不仅选择在这里度过蜜月，还经常在这里与喜欢的服装设计师共进晚餐。在战争刚打响的几个月里，温莎公爵夫妇甚至还在丽兹酒店举办了一场正式的晚宴，但中途被空袭打断了。因为战争，酒店原来的地下酒窖被改装成了防空洞，地上铺着用动物皮毛制成的地毯，放着爱马仕的丝绸睡袋。诺埃尔·科沃德是英国战争宣传局的一名士兵，他曾经被安排在巴黎驻守。据他回忆，香奈儿急匆匆地向防空洞走去，后面跟着一个仆人，手里捧着香奈儿的缎面枕头和防毒面具。[7]

战争期间，丽兹酒店的员工从 450 名锐减至 20 名，被辞退的员工中包括专门为香奈儿打扫、整理房间的两名女服务员及她的私人司机。为了不影响出行，重新雇用一名司机成了香奈儿的当务之急。如今，香奈儿套房窗外的旺多姆广场已不复往日的繁华景象，

香奈儿戴着一顶海军帽坐在丽兹酒店的套房中，这顶帽子的设计灵感来自她在"飞云号"上的经历，摄于1937年

放眼望去，映入眼帘的只剩一片狼藉，"城市上空笼罩着战火的阴云，（巴黎的）大街小巷到处飞舞着烧焦的纸屑。明明才下午三点，但整座城市暗沉得仿佛黑夜降临一般"。这一切都令香奈儿辗转反侧、难以入眠，她甚至需要服用吗啡才能入睡。

　　考虑到德国的军队正在向巴黎挺进，香奈儿决定暂时离开巴黎，前往更安全的地区。于是，她取回了此前存放在门卫处的巨型行李箱，开始打包行李，在匆忙聘请了一名新司机后，便带着儿名亲信连夜离开。离开前，她还向酒店额外支付了两个月的房租。当时，大批民众逃离巴黎，出城路上堵满了各种巴士、卡车和汽车。

此时的墨索里尼已经向盟军宣战，所以靠近意大利边境的里维埃拉也经常遭到炮火的袭击。在这种情况下，拉帕萨别墅显然不是理想的避难场所，无法为香奈儿提供舒适安宁的生活环境。走投无路的香奈儿只能长途跋涉，回到她与鲍伊初识的地方——比利牛斯省的波城。当时，她的外甥安德鲁就住在科尔贝尔的一座城堡里，该城堡是香奈儿于 1926 年购买并赠予安德鲁的。另外，香奈儿的老朋友艾提安·巴勒松也在波城过着退休后的闲散生活。

安德鲁的女儿名叫嘉柏丽尔，与香奈儿同名，她回忆道："我的教父威斯敏斯特公爵曾经送给姨奶奶一个黄金梳妆台，她成功地把整张梳妆台拆分后分批运送至我家。"[8] 当香奈儿终于抵达科尔贝尔的阿贝尔城堡时，她伤心地得知应征加入法国军队的安德鲁已经被俘并被关押在战俘营中，生死不明。

虽然城堡里储存了足够的食物和家酿葡萄酒，但深山里的生活枯燥无味，平静到让人难以忍受。因此，当德国人表明不会轰炸巴黎后，香奈儿立刻与好友玛丽-露易丝·布斯凯（Marie-Louise Bousquet）一同启程返回巴黎。返程途中夜幕降临，她们不得不在维希短暂停留一晚。香奈儿清楚地记得，那晚的杜帕克酒店里挤满了准备返回巴黎的人，他们举杯庆祝、饮酒狂欢。当时，维希的所有旅馆都人满为患，香奈儿几经辗转，才成功地说服了一家旅馆的老板腾出闷热的阁楼供她过夜，布斯凯则在被褥储藏室的躺椅上凑合地睡了一晚。第二天，她们给汽车加满油，避开沿途关卡，从狭窄且拥堵的小路缓慢地向巴黎进发。

抵达巴黎后，香奈儿发现协和广场的周围驻扎着很多德国士兵，丽兹酒店在旺多姆广场一侧的入口也有军队驻守，门前还有沙袋和飞扬的万字旗。在办理入住时，香奈儿想要住回自己原来的套房，但经理告诉她，这必须征得目前掌管酒店的德国军队指挥官的同意。香奈儿坚称她无法忍受让别人看到自己风尘仆仆的样子，所以她不能立刻去见指挥官。不过，她请经理转告指挥官"香奈儿小姐已经到了"，并称"我会在洗漱干净后登门拜访。我一直被教导当你对别人有所求时，至少应该保持干净整洁的外表"。[9]

丽兹酒店靠近旺多姆广场的一侧房间被德国军队占领并征用，而临近康朋街一侧的房间则留给平民使用。经过协商和争取，香奈儿获得了康朋街一侧顶楼小房间的使用权。后来，香奈儿又付钱请酒店修建了一段楼梯，把她原来的两居室套房和这间小房间连接起来。

在战争中，丽兹酒店一直保持中立的态度。在这里，德国军队的高级将领、美国的作家及法国的富人一起享受着奢华的生活，他们中既有法国抵抗派，也有亲德派。在这种独特的形势下，酒店的鸡尾酒酒吧成了抵抗势力的聚集地。传奇调酒师弗兰克·梅耶尔（Frank Meier）在靠近康朋街一侧的酒吧工作，他经常一边为顾客调制鸡尾酒，一边暗中向同伴传递消息。此外，酒店的其他员工也曾经把抵抗分子藏匿在厨房中以躲避敌人的抓捕，酒店的廊檐下则聚集了一批难民。[10]

每周日晚上，丽兹酒店都会举办盛大的舞会，并邀请很多魅力四射的巴黎人及德国军官参加。在舞会等活动的推动下，人们突破国籍、身份、地位等限制，建立起浪漫的恋爱关系，如法国影星阿尔莱蒂（Arletty）就和德国人汉斯－于尔根·索林（Hans-Jürgen Soehring）陷入爱河，并同住在丽兹酒店。也正是在这一时

可可·香奈儿和冯·丁克拉克男
爵在瑞士的维拉尔，《巴黎竞赛
画报》（*Paris Match*），摄于
1951年

期，香奈儿开始与德国军官汉斯·冈瑟·冯·丁克拉克男爵（Hans
Günther, Baron von Dincklage）约会。身材高大的男爵有一头金发，
他比香奈儿小 13 岁，昵称是"斯帕兹"，有"麻雀"的意思，男
爵的母亲是英国人。然而，香奈儿后来因为这段恋情一直被指控有
战时通敌的嫌疑。对此，香奈儿曾无奈地对塞西尔·比顿说："先
生，真的，我这个年纪的女人如果还想找到爱人就不能太计较他的
出身。"

在恋爱期间，香奈儿变得非常谨小慎微，她通常会在康朋街的
公寓招待丁克拉克和其他朋友，并邀请大家在科罗曼德屏风的环绕下
共进晚餐。饭后，香奈儿和丁克拉克就会通过丽兹酒店在康朋街这一
侧的入口悄悄地溜回位于酒店四楼的私人套房。当时，纳粹特工查尔

斯·贝多（Charles Bedaux）夫妇也住在同一楼层，据贝多夫人［弗恩（Fern）］回忆，香奈儿使用吗啡成瘾，而且"丁克拉克每晚都会在香奈儿的房间留宿"。[11]

在丁克拉克的特别关照下，香奈儿可以自由往返于德军的各个占领区。有几次，她还邀请丁克拉克一同前往拉帕萨别墅度假。拉帕萨别墅的设计师罗伯特·斯特雷茨是法国抵抗派的一员，他曾向香奈儿求助，请她帮助一位被盖世太保逮捕的朋友脱身。香奈儿可能并没有意识到她的巨型酒窖已经成为抵抗派传递信息的秘密根据地，别墅的花园也成了法国犹太人前往意大利边境前的临时避难所。[12]

1943 年冬天，香奈儿深爱的外甥仍然被关在战俘营里，香奈儿非常担心他的健康和安危，于是决定和丁克拉克一起返回柏林想办法。据说，为了促成德国人与同盟军之间早日达成协议，在德国情报人员的要求下，香奈儿曾秘密前往中立区马德里与温斯顿·丘吉尔和威斯敏斯特公爵取得联系。[13]

1944 年 6 月 6 日，同盟军在诺曼底登陆。当天，德国空军军官紧急撤回德国边境并从酒店带走了大量物资。欧内斯特·海明威决心要成为第一个报道巴黎解放的美国记者，在巴黎被德军占领的最后几个小时，他冲进丽兹酒店喝了很多瓶葡萄酒。丁克拉克在撤离巴黎前曾试图说服香奈儿跟着他一起撤离，但香奈儿最终还是选择和那些亲德派及抵抗派的工人一起留在巴黎。

巴黎解放后，香奈儿因为与丁克拉克的恋人关系被人们质疑通敌。那时，在法国，女性在战时通敌的罪名一旦成立，那么她们就将遭到极为残酷且羞辱性的处罚：她们的头发会被剃光，前额会被烙上万字纹饰，还有可能会被判处监禁，甚至死刑。1944 年 8 月，香奈儿被法国内政部官员带走并接受审问。但是，在温斯顿·丘吉尔的干涉下，香奈儿很快就被无罪释放了。相较之下，其他人就没有这么幸运了，影星阿尔莱蒂于 1944 年 9 月因叛国罪被逮捕并被判处 18 个月的监禁，舞蹈演员谢尔盖·里法也因为通敌罪被巴黎歌剧院委员会停职一年。在刚解放的巴黎，面对人们的怒火，这只能算是对背叛者的轻微惩罚。

有传闻说，当美国人解放巴黎后，香奈儿为了自保，曾经在精品店的橱窗上张贴了一张告示，上面写着每个美国士兵都可以免费领取一瓶香奈儿五号香水，他们可以把香水寄回国，赠送给心爱的人。新闻记者马尔科姆·蒙格瑞琦认为香奈儿能够摆脱通敌的罪名实在令人难以置信，但同时他也承认，当香奈儿免费给同盟军提供香水后，"如果法国警察还敢动她一根头发，那么同盟军一定会很生气"。

1944 年 9 月，香奈儿在接受蒙格瑞琦的采访时被问道："你在战争中支持哪一方？"她回答说："我当然不会站在任何一边。我只为自己而活，没人有资格教育可可·香奈儿应该怎么做。"[14]

为避免再次接受质询，香奈儿暂时放下了她一生中最重要的事业，只身前往瑞士。在洛桑，香奈儿与丁克拉克重逢并一起住进了日内瓦湖畔奢华的博里瓦奇酒店。在这里，他们过着远离世俗纷扰的生活，偶尔还会被拍到一起去圣莫里兹附近爬山的照片。同一时间，在法国，香奈儿依然因为曾经是德军的"横向合作者"而饱受社会舆论的抨击，康朋街的精品店也无人问津。后来，丁克拉克离开香奈儿并搬去巴利阿里群岛居住。在香奈儿的资助下，丁克拉克得以舒服地度过余生，至今也没人知道两人分开后是否还见过面。

战后，香奈儿返回巴黎并准备复出。她重新搬回丽兹酒店，住进战时曾居住的 305 室和 306 室，房间虽然空间不大，但因位于丽

对页图：第二次世界大战前，香奈儿在丽兹酒店的套房可以俯瞰旺多姆广场的景致，该广场也是香奈儿设计五号香水瓶身时的灵感来源

右图：香奈儿在丽兹酒店套房的阳台上，摄于1937年

兹酒店顶层，所以视野绝佳，只需站在窗边就可以俯瞰杜乐丽花园和塞纳河的美景。香奈儿对房间十分满意，她说："我本可以住进丽兹酒店最好的套房，但我本人更喜欢阁楼的房间。我在酒店的阁楼有三个房间：一个用来睡觉，一个用来招待客人，还有一个用来洗漱。"她的起居室里一如既往地放着科罗曼德屏风、米色沙发及带有缀穗挂饰的天鹅绒靠枕。[15] 在香奈儿去世后，丽兹酒店在她的房间里挂上了 17 世纪画家查尔斯·勒·布伦（Charles Le Brun）的作品《波利克塞纳的圣祭》（*Le Sacrifice de Polyxène*）。[16]

巴黎解放后，一群美国士兵站在香奈儿精品店外，摄于1945年

　　香奈儿的卧室就像修道院里的房间一样干净整洁。阁楼的斜屋顶上镶嵌着巨大的窗户，柔和的灯光透过丝绸灯罩静静地洒落在纯白的墙壁和床单上。房间的镜子上放着几缕麦穗，梳妆台的白布上放着一排剪刀，黄铜床架的栏杆上挂着一个俄国玩偶，床边的矮柜上放着香奈儿的各种收藏，包括一个拜占庭十字架、一个帕多瓦圣安多尼圣殿的微缩复制品及一只鲍伊的黑色手表。这里俨然已经成了香奈儿的隐居地，周遭的一切都让她感到安全和舒适。

　　根据香奈儿的甥孙女嘉柏丽尔的回忆："每天晚上，香奈儿都会离开康朋街去丽兹酒店睡觉：那个卧室就像三明治一样被其他房间夹在中间，但却能让她感受到生活的气息和安全感。在战争结束后，她也曾试图睡在康朋街的公寓里，甚至还把三楼的房间改造成了卧室，用科罗曼德屏风的零件制作出了一张看起来又怪又矮的床。然而，她最终还是放弃了在康朋街入眠的想法，并坦白道：'我做不到，我太害怕了。'"[17]

　　丽兹酒店里的每个人都知道香奈儿也住在这里。餐厅中，其他客人会在香奈儿固定位置的周围四处张望，试图寻找那个戴着宽檐草帽的身影。酒店主人查尔斯·丽兹一边尽力地保护香奈儿的私人生活不被打扰，一边尽其所能地迎合和满足香奈儿的各种奇思妙想，正因为如此，香奈儿很喜欢在丽兹酒店的生活。1963 年的圣诞节，丽兹酒店在康朋街入口处的大厅里摆上了一棵巨大的圣诞树。这棵圣诞树十分独特，没有一根松针，取而代之的是雪白的鸵鸟毛、各种亮线和金色的小饰品。这是专门为香奈儿准备的，查尔斯·丽兹解释道："你知道的，香奈儿小姐住在这里。她是一位美丽的女性，也是我们的一位老朋友。此前，她每年都抱怨我们的圣诞树毫无新意，所以，今年我们决定给她一个惊喜。"[18]

苏齐・帕克（Suzy Parker）穿着香奈儿套装在《时尚》杂志法国办事处的门外，摄于1954年

第十章：复出

我非常享受瑞士的乡村生活，但是我很快就因为实在无事可做而感到无聊，直到我看到这些新衣服的出现。

地点：巴黎
时间：1953 ~ 1971 年

自 1939 年以来，康朋街精品时装店的楼上几层就一直闲置着。战争期间，一楼的店铺仍然保持营业，用于销售香水，楼上的工作室则是一片沉寂，没有缝纫机的嗡鸣声，放眼看去，空旷的房间里只有光秃秃的人形模特，空气中萦绕着一股令人窒息的安静。

战后，香奈儿为了逃避通敌罪的指控，选择移居瑞士。这样一来，她不仅可以和丁克拉克双宿双飞，还能减少一大笔税收支出，实在是一举多得。资料显示，1945 ~ 1954 年，香奈儿都住在博里瓦奇酒店。入住时，香奈儿还将自己的出生年份改为 1893 年，让自己年轻了整整 10 岁。[1]

由于工作需要，香奈儿经常往返于巴黎和瑞士之间。如果米西亚同行，两人就一定会去洛桑的药店购买吗啡。岁月流逝，米西亚和香奈儿都早已不复当年的模样。米西亚曾经是很多伟大艺术家心中的缪斯，现在却沦为一个吸毒成瘾的怪人。香奈儿虽然还是那么苗条和时髦，但她的机智和风趣已经被满腔的愤世嫉俗取代。在瑞士的时候，香奈儿每天要么购物，要么在酒店里与朋友闲聊，有时她也会去洛桑的某条老街上吃晚餐，但她只吃菲力牛排和蔬菜汤。

在香奈儿定居瑞士的这段时间，康朋街三楼的公寓一直被闲置着，只有当香奈儿暂时回巴黎的时候，这里才会被用来举办各种社交活动。康朋街的楼梯上和沙龙里有数不清的镜子，这些镜子见证了她无数次往返于公寓和丽兹酒店的倩影。

红发模特苏齐·帕克是香奈儿的忠实拥趸，除了在工作上与香奈儿合作，在日常生活中，她也很喜欢像香奈儿一样打扮自己，并且毫不掩饰自己追随者的身份。苏齐曾多次劝说香奈儿复出。有一次，苏齐和《瑞丽》（Elle）杂志的编辑艾莲娜·拉扎雷夫（Hélène Lazareff）一起受邀参加在康朋街举办的棋牌派对。在派对开始前，香奈儿让苏齐在衣架上挑选一件晚宴时穿的衣服。最终，苏齐选择了一件 1938 年的香奈儿礼服。看着苏齐乐此不疲地试穿衣服的样子，拉扎雷夫决定要让她穿着香奈儿的衣服出现在《瑞丽》杂志的封面上。[2]

战争让巴黎的时装界发生了天翻地覆的变化。1939 年，玛德琳·薇欧奈的店铺倒闭；1946 年，让娜·浪凡去世；1954 年，夏帕瑞丽的时装店关门。就在此时，一位名叫克里斯汀·迪奥（Christian Dior）的设计师横空出世，他代表了战后巴黎时尚产业的复兴。迪奥的经典设计是使用细长布料制作的掐腰束身长裙，因其外形与花瓣相似，所以迪奥干脆将其命名为"花冠"系列（La Ligne Corolle）。该系列服装非常女性化且十分凸显女性身材的曲线美，所以一经推出便大获成功。

香奈儿从来不畏惧挑战，作为对迪奥的回应，她开始筹备一场大众期盼已久的复出。1957 年，香奈儿在接受《纽约客》杂志的采访时表示："在我心里，我从来没有真正退休过。战争期间，没人有心思做漂亮的衣服。战后，我一直在留心观察那些裁缝和年轻人，想看看他们到底要干什么。我离开巴黎，四处旅行。起初，我非常享受瑞士的乡村生活，但是我很快就因为实在无事可做而感到无聊，直到我看到这些新衣服的出现。"[3]

　　到 1953 年，香奈儿的知心好友已经不多了。1950 年，在何塞普去世后的第五年，米西亚也去世了。同年，艾提安·巴勒松在里约热内卢的一场车祸中丧生。1953 年 7 月，威斯敏斯特公爵逝世。老友的相继离世让香奈儿意识到自己是时候向过去告别了，于是她决定出售拉帕萨别墅。同时，她也开始为自己的复出筹集资金。

　　回到巴黎的香奈儿继续住在丽兹酒店。为筹集更多的资金，香奈儿开始着手出售康朋街上 31 号之外的所有产业。此外，香奈儿香水公司的实际拥有者沃特海姆家族也为香奈儿提供了经济上的支持，他们不仅预付了香奈儿所有的个人费用，还让她全权负责设计部门的一切事务。作为回报，该家族获得了"香奈儿"这个名字的使用权。[4]

　　康朋街 31 号的建筑由一楼的精品时装店、二楼的大型沙龙（用于展示服装）、三楼的私人公寓及四楼的工作室组成。1954 年 1 月，为迎接康朋街 31 号店铺的重新开张，香奈儿翻修了整栋建筑。在此期间，她就在一间小屋子里工作。与以往一样，她还是直接在模特身上设计服装，但不同的是，现在的她只有一位年迈的裁缝助手。1954 年 2 月，英国版《时尚》杂志的罗萨蒙德·贝尼耶（Rosamond Bernier）深入报道了她探访康朋街 31 号的经历："这里最近依然处于闲置的状态，空无一人。我们拿着香水、肥皂、毛衣和围巾穿过精品店来到有镜面阶梯的镜厅，这是一个被无数条状镜子分割而成的无色立体迷宫，超越了时间和空间的界定，地上铺着厚厚的地毯。我们走过有繁复的金色西班牙阿拉伯纹饰的墙壁，穿过被黑色

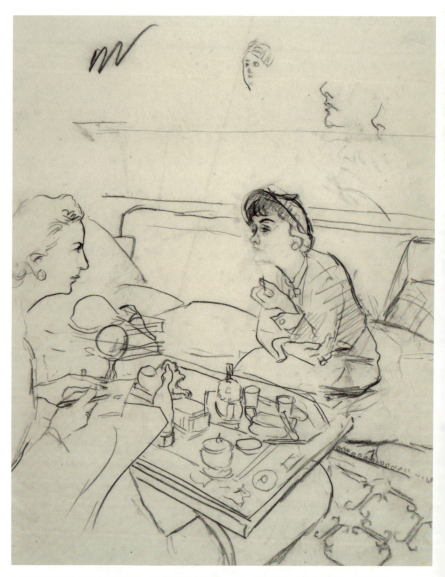

香奈儿在康朋街的客厅接受罗萨蒙德·贝尼耶采访时的情景，卡尔·埃里克森，《时尚》杂志，1954年2月

屏风分隔成多个空间的漆黑展厅，踏上了那个著名的楼梯。曾经，在开业那天，康朋街 31 号挤满了香奈儿的高级员工及那个年代最杰出的人物。"[5]

罗萨蒙德和摄影师被带领着穿过一个"很暗的、摆放着很多东方屏风"的大厅，"推开一面镜子（应该是一个镶嵌着镜子的门）后，进入一间昏暗的小书房。这里没有睡美人，只有一个戴着很多珠宝、身材瘦小、有小麦肤色的时尚偶像，她正坐在棕色巨型沙发的一角休息……她的双手是如此与众不同，虽然很小，但看起来十分有力，指节很宽，手指像雕塑家的一样修长，其中一根手指上还戴着一枚硕大的祖母绿戒指。她的指甲都修剪得很短，也没有涂指甲油"[6]。1954 年 2 月 5 日，在离开时装圈 15 年后，香奈儿召开了回归后的首场时装发布会，邀请函一金难求，众多时尚编辑、摄影师、买手和巴黎的精英阶层齐聚一堂。直到发布会前一晚的带妆彩排时，香奈儿还躺在地板上再三检查模特身上裙摆的长度。1953 年年末，当有人问香奈儿这次想创造怎样的新款式时，香奈儿回答道："你怎么能指望我知道答案呢？即使到了发布会的前一刻，我都在修改自己的设计。必要时，我会根据模特和现场的实际情况，临场创作。"[7]

终于到了发布会的这一天，所有观众都聚集在富丽堂皇的沙龙中，当他们在重新装饰后的镀金椅子上落座时都显得异常兴奋。此刻，香奈儿就站在镜面阶梯上，她的双眼像鹰一样地注视着镜子里人们的一举一动。她说："举办时装发布会就像导演一出戏剧一样：在一片寂静之中，模特穿着一件大衣缓缓地走过人群，一切都必须按照我的指令进行。"

后排的观众都站在了椅子上，开场后，人群很快就安静了下来。戴着号码牌的模特们依次出现在中央舞台上，展示着香奈儿最新

香奈儿单人照，霍斯特·P.霍斯特（Horst P. Horst），摄于1954年

的设计：海军蓝小号西服套装搭配平顶硬草帽、蕾丝礼服、缝着人造花的真丝连衣裙、有金色锦缎点缀的晚宴套装、校园风的女式大衣等。

然而，观众似乎对这些设计不以为然，香奈儿并没有获得预期中的热烈反应。许多评论家认为这场发布会是过时的，设计充满了香奈儿过去的影子，令人失望。这些负面评论让香奈儿颇为震惊，所幸还有玛姬·范·祖伦（Maggie van Zuylen）等老朋友安慰她，并向她表示祝贺。

时尚编辑贝蒂娜·巴拉德写道："法国时尚媒体对香奈儿战后的首个时装发布会充满期待，就像守在老鼠洞前的猫一样。第二天，各家媒体发表了铺天盖地的负面报道，盲目地对发布会进行攻击，编辑们似乎觉得通过这种方式就可以否认这个品牌曾经的影响力。"

不少评论家认为，与迪奥相比，香奈儿的这场时装秀就像一个过时的旧新闻。《震旦报》（*L'Aurore newspaper*）刊文称，这是一场"可悲的回顾展"，"我们都只是被感动了。这完全就是过时的，事实上，我们受邀观看了一场 14 年前的时尚发布会，一些人甚至觉得我们仿佛走进了睡美人的宫殿。"《战斗报》（*Combat Newspaper*）的卢西安·弗朗索瓦（Lucien François）则更加残酷，他毫不客气地把香奈儿形容为"一个不知疲倦、傲慢无礼且专横跋扈的小女人"，而且他认为"昨天，巴黎的上流社会已经吞噬了这位驯狮者"。[8]

即使在英国，香奈儿也无法逃脱批评的声音。来自《每日镜报》（*The Daily Mirror*）的艾尔莎·加兰（Ailsa Garland）说："最大的问题是：她能否举办一场与当今大师相媲美的时装秀？虽然很

模特玛丽-海伦·阿诺穿着海军蓝套装并搭配白色衬衣和宽檐草帽，《时尚》杂志编辑贝蒂娜·巴拉德对这套造型赞不绝口

痛心，但答案是不能。她设计的东西并不适用于当今社会。这样的事实虽然不会波及近年来该品牌的支柱产业——香水和肥皂的销售情况，但就时尚的发展而言，这确实令人难过。"[9]

　　法国的时尚媒体对香奈儿都表现得十分刻薄，这可能与她通敌的传闻有关，但是在大西洋的彼岸，香奈儿轻薄耐磨的套装却大受好评。《时尚》杂志特别报道了本次发布会，并提到了"一件方肩（应该是垫肩）海军蓝西服、一条舒适的腰带、一件褶皱的纽扣式衬衣、一个经典领结、一顶水手帽"以及"粉色的 V 领平纹针织衫搭配百褶裙的造型"[10]。香奈儿的发布会举办一个月后，1954 年 3 月，《生活》（LIFE）杂志发表了一篇关于香奈儿复出的专题文章。该杂志在巴黎地铁站拍摄了一组模特照片，照片中完美地体现了设计师一直以来秉持的"让女性运动自如"的设计理念。

关于这一设计理念的由来，香奈儿对保罗·莫朗说："当时我看到一名正骑着自行车的年轻女性。她肩上背着包，上衣紧紧地贴在身上，裙子被风吹得鼓了起来，因此她只能一只手按住裙摆以防走光。这名女性根据需求创造出了属于她自己的时尚，就像克鲁索（《鲁滨孙漂流记》的主人公）在荒岛搭建草屋一样。这名女士是值得尊敬的，我很佩服她。"[11]

贝蒂娜·巴拉德依然是香奈儿的坚定支持者。为了更好地帮助香奈儿宣传本次发布会，她特意带上助手苏珊·特雷恩（Susan Train）及摄影师亨利·克拉克（Henry Clarke）一起前往康朋街，希望能挑选几套造型刊登在杂志上。她看上了一套中等长度的海军蓝套装，香奈儿的专属模特玛丽-海伦·阿诺（Marie-Hélène Arnaud）在发布会上穿这套衣服时还搭配了一件白色衬衣和一顶宽檐草帽。这是香奈儿战前套装的升级版，对贝蒂娜来说，这就是可以完美代表现代女性的经典套装。贝蒂娜写道："我自己都想拥有这套衣服，我太想念这种穿着舒适又显年轻的衣服了。如果其他人亲眼见过，那么她们一定也会想要拥有这些衣服。"[12]

1954年，美国版《时尚》杂志整整用了三页报道香奈儿的新设计。其中，模特苏齐·帕克一共展示了两套造型，一套是海军蓝花呢西服、衬衣、打褶的羊毛针织连衣裙及水手帽，另一套是饰有玫瑰的海军蓝无肩带晚礼服。1954年11月，《瑞丽》杂志的封面也刊登了苏齐身着香奈儿朱红色粗花呢衣服的照片。《瑞丽》杂志的编辑拉扎雷夫在思考现代女性的风格时认为"对忙着投票、赚钱和独立的女性来说……没有时间可以用来浪费"。

1954 年秋天，香奈儿推出了自己的第二个战后系列，这一次她的设计理念终于重新被主流时尚媒体接纳，香奈儿风格也再次成为人们追捧的对象。在她的复出之作中，有一套海军蓝西服和帽子的造型格外引人注目，这套衣服也引发了巴黎新一轮水手风的浪潮。根据英国版《时尚》杂志的报道："那些衣领、颜色以及可以插入整只手的巨大口袋很明显就是水手风。"

除了这套设计，香奈儿还展示了米色、小麦色和灰色的平纹针织套装，以及点缀着玫瑰红和绿色亮片的蕾丝礼服，然而并不是每一名时尚记者都能接受香奈儿的设计。芭芭拉·米勒（Barbara Miller）就评论道："她最新一季的礼服，虽然制作精良，但只适合'某个年龄段'——那些超过 50 岁的女性——对其他年轻的女性来说，这种风格似乎与 1954 年熙熙攘攘的巴黎都市时尚格格不入，显得有些过时了。面对外界的这些负面评论，在秋季时装发布会上，香奈儿还是一如既往地使用了羊毛平纹针织面料制作西装和连衣裙，用硬质蕾丝制作晚间服装……香奈儿亘古不变的低腰休闲造型概括起来就是高领、窄肩、宽松的长腰带和半身喇叭长裙。"[13]

香奈儿的套装都是纯手工制作，平均每套需要花费 150 个工时才能完成。这些套装采用了一些相同的元素，如软粗花呢或平纹针织面料搭配奢华的丝绸内衬、镀金线编织、罗绸缎带以及有狮子、星星或山茶花图案的纽扣。这一季的衣服都是用天然防皱面料制成的，其中有类似外套剪裁的羊毛开衫，也有腰间缝着缎带用来固定衬衣位置的短裙，香奈儿还通过在丝绸内衬中缝制隐藏的链条来让口袋保持松松垮垮的形状。此外，香奈儿也在实用性上做了一些尝试，如在衣服上缝制一个可以让女士放香烟的口袋。[14]

上图：伯纳特·克莱恩粗花呢面料，其颜色的灵感源自一种玫瑰。在1963年春夏系列中，香奈儿就采用了这款面料

右图：香奈儿在工作室中展示自己设计的针织套装和衬衣，摄于1954年

　　香奈儿对面料的原产地及相关特性十分了解也非常讲究，她甚至可以轻松地区分手中的粗花呢是否产自苏格兰边境的特威德河区域。起初，香奈儿曾使用意大利产的粗花呢，但这种面料不仅容易磨损，而且质地较轻，很是让她头疼。到了 20 世纪 60 年代，香奈儿便开始转而采用苏格兰纺织品设计师伯纳特·克莱恩（Bernat Klein）的软粗花呢面料来制作套装和连衣裙。[15] 香奈儿曾表示："对我来说，制作衣服就像制作手表一样，哪怕只有一个小齿轮不合适，我也会从头再来。如果一件衣服让穿衣者感到不适或无法顺利地'走路'，那么这件衣服的设计必然是不合理的……优雅的衣服首先要让穿衣者感到行动自由、无拘无束。"[16]

穿着香奈儿粗花呢套装和双色鞋的模特，这身打扮特别适合忙碌的现代女性，约摄于1957年

　　1955 年 2 月，香奈儿推出了以发售时间命名的 2.55 女士手袋，有海军蓝、米色、黑色和棕色四种颜色，一经推出便成了经典。这款手袋的设计灵感源自当年皇家地庄园马场上的男士着装（另一种说法是男士军用背包），香奈儿在软皮面缝出了菱形格纹，并开创性地搭配了一根缠着金色链条的皮绳作为背带。她说："我已经受够把钱包拿在手里并经常弄丢的状况了，所以我在钱包的基础上加了根链条，这样就可以把包包背在肩上了。"[17]

　　20 世纪 50 年代中期，香奈儿还推出了另一款经典配饰：双色露跟鞋。双色鞋的设计参考了威尔士亲王和威斯敏斯特公爵在 20 世纪 20 年代穿过的时尚男鞋，米色的鞋身及黑色的鞋头可以在视觉上拉长腿部线条，让双腿看上去更加细长，而较低的鞋跟则为女性的日常活动提供了便利。1957 年，当这款鞋开始出售后，很快就取代了细高跟鞋成为女性争相购买的产品。

　　1957 年，著名的香奈儿套装席卷了整个美国，强势回归的香奈儿在美国获得了尼曼·马库斯时尚杰出贡献奖。在香奈儿即将返回巴黎之际，《纽约客》杂志在纽约的华尔道夫大厦里采访了这位服装设计师。那天，香奈儿穿着米色丝绸西服、白色绸缎衬衣及低跟棕白双色鞋，戴着草帽及珍珠项链，别着一个镶嵌着红宝石、祖母绿和钻石的金色古董大胸针，还有斯特拉文斯基送给她的黄金袖扣。事后，杂志写道："在这个年代，我们并不缺乏魅力十足的明星，但谁也无法超越伟大的服装设计师和调香师嘉柏丽尔·香奈儿小姐。74 岁的香奈儿小姐依旧美丽动人，她有着深褐色的眼、迷人的笑容以及像 20 岁一样永不消逝的热情和活力。当我们的手紧紧地握在一起时，她说'我非常非常累'。她是为数不多有资格说出这句话的女人，她自己也知道。"[18]

　　在采访中，香奈儿告诉记者："我已经对 1957 年的时尚不感兴趣了，对我来说，这些都只是历史。我现在对 1958 年、1959 年甚至 1960 年的时尚更感兴趣。时尚永远跟生活息息相关，它们不是独立存在的东西。但是，也有例外，1925 年的潮流就是个特例。那时候，女性刚刚开始在办公室工作。受到现代女性的鼓舞，我也剪了短发。我对那些准备参加工作的女性说要脱掉塑身内衣，因为当她们的身体被束缚在塑身衣中时是无法专心工作的。我还发明了一些运动时穿的粗花呢服装、宽松的毛衣和衬衣……（当时）几乎所有的女性都开始工作，即使是那些还没有工作的女性也有这样的打算。在那个年代的巴黎，很多女性都拥有自己的小汽车，她们很快就发现穿着有裙撑的裙子，根本无法自如地上下车……现在，人们经常会出门旅行，当他们乘坐飞机出行时，衣物必须是轻便舒适的。但无论如何，我们面临的最大也最重要的问题一直都是如何让女性重新焕发青春活力。"[19]

　　香奈儿回到巴黎后，在康朋街的沙龙里接待了一批前来试衣的贵宾，她们都是当时最有名的女士，其中包括演员格蕾丝·凯莉（Grace Kelly）、伊丽莎白·泰勒（Elizabeth Taylor）、劳伦·白考尔（Lauren Bacall）、英格丽·褒曼（Ingrid Bergman）等。香奈儿曾为褒曼的电影《茶与同情》（*Tea and Sympathy*）设计剧服。后来，香奈儿还去拜访了伟大的法国室内设计师热拉尔·米勒（Gerard Mille），他住在一栋位于瓦汉纳路的别墅里，这里聚集了很多 20 世纪 50 年代兴起的明星，如马龙·白兰度（Marlon Brando）、碧姬·芭铎（Brigitte Bardot）、罗杰·瓦迪姆（Roger Vadim）、朱丽叶·葛蕾柯（Juliette Grëco）等。米勒的设计受到香奈儿风格的影响，以科罗曼德屏风、镜子、威尼斯雕塑和巴洛克式家具闻名。[20]

香奈儿十分好客，经常会邀请客人到康朋街的公寓共进晚餐，但她总是在最后一刻才发出邀约。客人克劳德·迪蕾回忆了当时的场景："她的餐桌上有刚从炭火中取出的烤土豆，土豆被裹在银箔中噼啪作响；有用新鲜栗子制成的果泥；还有把大枣和无花果捣碎后跟奶油搅拌在一起的冬季甜点。"1958 年，香奈儿的传记作家马赛尔·海德里希第一次与香奈儿见面时，香奈儿已经 75 岁高龄，但说话依然咄咄逼人，令人心生畏惧。海德里希后来回忆道："我对她的第一印象是一位年迈却仍然喋喋不休的老太太。"[21]

壁炉旁的位置是香奈儿最喜欢的地方，她经常会坐在壁炉旁一边取暖一边小口细酌伏特加，这种用小麦酿造的酒是她的最爱。[22]香奈儿爱憎分明，当她收到不喜欢的人送的花时，她会直接把花扔在一间被她称为"墓地"的房间里。1959 年，摄影师理查德·阿维顿（Richard Avedon）就遇到这样的事，碰了一鼻子灰。事情的起因是，他当年为《时尚芭莎》杂志拍摄了一组奥黛丽·赫本（Audrey Hepburn）的照片。照片中，赫本穿着纪梵希（Givenchy）设计的衣服，而这位年轻的设计师当时被香奈儿视为劲敌。

香奈儿在康朋街的沙龙里亲自为奥地利女演员罗密·施奈德（Romy Schneider）试衣，摄于1960年

第十一章：暮年

> 奢华的对立面并不一定是贫穷，
> 可能只是帽子或裙子的长度过时了。

地点： 洛桑
时间： 1966 ~ 1971 年

20 世纪 60 年代，可可·香奈儿依然活跃在时尚界并与年轻的设计师竞争，但这十年对她来说并不容易。这是"青年震荡"的时代，街头时尚逐渐兴起。这种时尚主要反映了伦敦卡纳比街和国王路上年轻人的穿着打扮风格。当时，玛丽·奎恩特（Mary Quant）设计了风靡一时的迷你短裙，帕高·拉巴纳（Paco Rabanne）突破性地尝试将塑料和锁子甲融合在一起，安德烈·库雷热（André Courrèges）的未来派设计理念也大获好评。库雷热说："（如果用汽车打比方）我就是马特拉或法拉利，而香奈儿则像是劳斯莱斯：实用却一成不变。"

尽管外界一直批评香奈儿的设计缺乏创新，但她依然坚持自己的服装设计理念，在原有版型的基础上更加注重和突出细节的处理，比如使用奢华面料作为衣服的内衬。香奈儿说："（服装的）秘密就是内衬和剪裁。库雷热的设计从来不讲究这些细节。奢华的对立面并不一定是贫穷，可能只是帽子或裙子的长度过时了。"这也就解释了为什么香奈儿坚持制作经典款的服装。[1]

香奈儿始终坚守自己的制衣理念并将其视为自己的职责，她说："男性总是设计那些让女性无法自由行动的衣服。他们会非常冷静地告诉你，这些衣服不是让你穿着自由活动的。每当我听到这些话时，我都感到非常害怕。如果没有人再像我一样思考，那该怎么办呢？我经常告诉那些女孩：'听我说，我就要死了。我现在正在教你们非常重要的东西，所以别像傻子一样站在那里发呆！'"[2]

伊夫·圣罗兰（Yves Saint Laurent）在"垮掉"系列中突破性地让女性穿上黑色皮衣，反观香奈儿，她依然坚持使用经典的服装款式，包括斜纹粗花呢套装、及膝百褶裙、领口和袖口为白色的海军蓝连衣裙等。[3]尽管香奈儿的设计比较传统，但她的沙龙依然吸引了一批年轻时尚偶像，如凯瑟琳·德纳芙（Catherine Deneuve）、让娜·莫罗（Jeanne Moreau）、阿努克·艾梅（Anouk Aimée）、罗密·施奈德等。

1963年7月，英国时尚记者菲丽希缇·格林（Felicity Green）撰文称："香奈儿正在准备最新的香奈儿造型，你会惊喜地发现新设计与以往的设计几乎完全一样，只是略有不同。早前有传闻说香奈儿这次完全转变了设计思路，但最终她似乎只是采用了另一种编织方式……因此不必恐慌。"[4]

1969年，香奈儿在接受法国电视节目主持人米其林·桑德雷尔（Micheline Sandrel）采访时说的一番话引起了人们对现代生活，特别是对迷你短裙的深度思考："在过去的两年里，我一直因为短裙和短裤的问题与其他女装设计师争论不休。我认为它们看上去并不雅观。你知道吗？现在还不是时候。当一个人想要露出膝盖时，膝盖必须是完美的，它们是关节，就像你的肘关节一样……如果你的膝盖看上去很美，那我对穿短裙和短裤没有任何异议。但事实是它们并不好看。现在，即使你整天站在康朋街上观察来往的行人，也很难找到一个腿好看的人。"[5]

此外，香奈儿也表示了自己对巴黎社交习惯转变的不满。"巴黎正在失去它的声望和地位，"她说，"它正变得庸俗不堪，过去并不是这样的，曾经的它是多么魅力无穷啊。人们应该学会守时……现在，一切都在向法国南部看齐，打个比方，如果你邀请别人晚上八点来吃晚餐，那么他们往往会在晚上十点才出现，但你却不觉得这有什么问题。"[6]

1966 年，在洛桑的博里瓦奇酒店居住多年后，香奈儿终于在郊区租了一栋名叫"信号别墅"的房子。这栋别墅位于信号路 20 号，周围生长着郁郁葱葱的树木。香奈儿不喜欢莱芒湖，所以她没有住在莱芒湖畔，而是选择住在离山更近的地方。她回忆道："（莱芒湖看上去）太令人震惊了，湖面上到处都是天鹅，湖水还散发出一股难闻的气味。因为严重的污染，生活在这里的沼泽母鸡已经快灭绝了。"拉帕萨别墅和信号别墅的选址都表明香奈儿不喜欢住在海岸线上，她更喜欢山间清新的空气和陡峭山脉的景致。在信号别墅的对面是一座被遗弃的小火车站，附近的山间错落着各种豪宅和度假木屋，树叶被清风吹得沙沙作响，这里安静美好得就像世外桃源一样。

根据历史记载，很多名人都曾到访洛桑。1816 年，拜伦勋爵（Lord Byron）和珀西·雪莱（Percy Shelley）在游览莱芒湖时曾经路过此地；1846 年，作家查尔斯·狄更斯（Charles Dickens）也曾携带家眷在洛桑居住长达六个月之久。人们如此偏爱洛桑可能是因为这里有碧绿的湖水、绿色的牧场和被白雪覆盖的山巅，他们可以在山间呼吸清新空气、疗愈身体、净化心灵。

香奈儿的好友让·谷克多也曾经在洛桑作画并举办画展，他说过："洛桑就是我青春和心灵的寄托……我从洛桑得到的一切都来自这个连空气都充满灵气的地方。"

香奈儿的瑞士小屋"信号别墅"，这栋房子位于洛桑郊区的索瓦贝林森林里

在香奈儿定居瑞士期间，很多同时代的名人也住在瑞士，如奥黛丽·赫本居住的"和平之邸"大农舍距离洛桑仅 30 分钟车程；查理·卓别林和香奈儿的朋友保罗·莫朗的山景豪宅也都坐落在沃韦地区。莫朗曾前往洛桑的信号别墅采访香奈儿，在香奈儿离世后，莫朗将这些文稿整理成册，出版了《香奈儿的态度》（*L'Allure de Chanel*）一书。

1966 年 1 月 12 日，香奈儿正式成为科恩·萨贝蒂（Cohen Sabetay）先生的房客并搬入信号别墅居住，但她从来没有想过买下这栋房子。几年前的 1960 年，香奈儿曾试图竞标购买信号路 22 号的"信号城堡"，却被它当时的主人出版商阿尔伯特·默穆德（Albert Mermoud）拒绝了。1982 年，歌手兼演员大卫·鲍伊（David Bowie）买下这座城堡并将其作为自己的艺术创作基地。正是在这里，大卫与作曲家尼尔·罗杰斯（Nile Rodgers）合作录制了热门单曲《一起舞蹈》（*Let's Dance*）。[7]

香奈儿把在瑞士的家称为"乡间小别墅"，她声称："我现在不能居住在需要超过两个仆人的房子里。我喜欢小一点的房子，像鸟巢一样，我可以在里面过着轻松自在的生活直到死去。这是一栋设施齐全的房子，室内有热水和暖气，我不需要做任何改动。别墅里有三个泡澡的浴室和一个淋浴间，更别提我还有一间私人浴室了。我打算重新粉刷室内的墙壁，至于室外，因为这里是瑞士，所以我将按小木屋的风格进行装修。"[8]

信号别墅周围的环境令香奈儿感到非常惬意，森林的气息及皑皑白雪会让她想起住在圣莫里兹的美好时光。别墅的花园中有一棵古红杉树，就像圣奥诺雷市郊路的花园一样，这里的花园也铺满了香奈儿特意从英国进口的草皮。[9]

此外，香奈儿把锡制楼梯漆成黑色，这样"它就可以与背景融为一体，不会显得特别突兀"。家中的铁艺床架和椅子都出自雕塑家阿尔伯托·贾克梅蒂（Alberto Giacometti）之手。香奈儿称："这里将会变成一个不会被飞蛾吞噬的铁艺房子！"在她的卧室里有一张狭窄的野营床，床上铺着的不是温暖的羽绒被，而是她小时候用过的野羊皮制品。香奈儿睡觉时如果觉得太热了，就会把毯子扔到地上，然后等早上（觉得冷的时候）再把它拽回床上。在信号别墅居住了一段时间后，香奈儿告诉克劳德·迪蕾她仍然有"装扮"这栋房子的计划，她走在漫天飞舞的雪花中说道："这里的生活总会让人觉得有点不真实，也许是因为没有亚麻制品，所以无法让我感受到生活的气息。"[10]

在瑞士居住期间，香奈儿的私人司机会不时开车带她参观索

香奈儿和模特们在后台，摄于1962年

瓦贝林小木屋，或是将她送往洛桑湖畔的博里瓦奇酒店享用晚餐。有时候，香奈儿觉得家里客人太多，而且他们通常只会在炉火旁玩纸牌游戏，十分无聊，这时她就会抛下家里的客人，独自去酒店过夜。对此，香奈儿表示，"我只是暂时待在洛桑，跟我在巴黎时一样。你知道的，我从来不会在同一个地方长时间定居。我选择自由！"[11]

当香奈儿回到巴黎为一年两次的时装发布会做准备时，她就住在丽兹酒店里，每天走路往返于酒店和康朋街 31 号之间。她说："此前，我一直住在阁楼或豪宅中。但现在，我不想再住在豪宅里了，虽然我还是希望可以保留一张好桌子。"

香奈儿聘用的那些年轻漂亮的模特都特别敬佩并且仰慕她，其中有一些幸运儿，如苏齐·帕克，甚至得到了香奈儿亲自为她打造形象的机会。后来，在香奈儿年纪更大一些的时候，她也会让几个心腹助手参与模特的造型工作。香奈儿的男管家弗朗索瓦·米龙尼（François Mironnet）来自诺曼底，据说他和威斯敏斯特公爵长得很像。香奈儿非常信任他，不仅让他保管自己的珠宝，还让他在丽兹酒店里陪她共进晚餐。此时的香奈儿内心非常孤独，她需要这样一位男士的陪伴。平时，米龙尼会帮助香奈儿爬楼梯，也会在她吃药的时候为她端茶送水。除了管家，香奈儿还有一名叫珍妮（Jeanne）的女仆，她负责整理香奈儿的房间和衣服，使一切保持整齐有序。[12]

陪伴香奈儿度过晚年的另一个人是克劳德·迪蕾，她是香奈儿日常生活的见证人，写了好几本关于香奈儿的书，其中就包括《香奈儿的一生》（*Chanel Solitaire*）。根据她的描述，香奈儿每天都会在早上七点半准时醒来，然后穿着白色的男式丝绸睡裤（类似她在第一次世界大战期间穿过的那件），慢悠悠地享用早餐。她的早餐一般包括稀粥、咖啡和香烟。早上九点，吉拉姆发型沙龙的造型师会上门为香奈儿打理发型并为她戴上草帽，在此期间，香奈儿会不停地打电话与人谈工作或闲聊。

完成发型后，还会有一位专业的化妆师为香奈儿涂上口红，并且用各种化妆品给她的皮肤包括双手遮瑕。化妆品很容易蹭脏香奈儿的白色袖口，所以她通常会多备几副袖口以便随时替换。最后，化妆师会在米色西装的翻领处戴上一朵栀子花并喷上少许香奈儿五号香水。[13]

克劳德回忆道："戴着小草帽的香奈儿是如此热情，如此令人着迷，从她出现在镜面楼梯上的那一刻起，我就可以隐约闻到她身上专属的香味，不同寻常的是，她还会流露出些许永恒的青春气息。"

晚年的香奈儿喜欢开车在巴黎兜风，经常会去香榭丽舍大街以

晚年的香奈儿经常会让司机开车载着她穿过巴黎的大街小道

及战前她在巴黎常去的地方周围转转。当车子穿过布洛涅森林时，她回忆起"曾经有一群男人没日没夜地在那里打马球，浑身上下都是马的臭味。现在，一切都结束了"。当路过阿夫赖城时，她又想起了在那里遇到马蒂斯时的情景，"正如其他真正的艺术家一样，他很低调，稍不留神，你就会忽略他的存在"[14]。

香奈儿认为："7月的巴黎是最令人心驰神往的。过去的一切虽然空虚却都那么美好，曾经的那些巴黎人如今大部分已经不复存在。每个人心中都有一座属于自己的城市。"有时候，她会前往拉雪兹神父公墓，慢慢地沿着墓碑旁蜿蜒幽静的小道独自散步。[15]

接着，香奈儿一般会抄捷径前往沙龙，赶在下午一点回到沙龙和朋友们共进午餐。饭后，她会用安全别针系紧裙子以确保肠胃不会出现任何不适，因为她要在店里一直待到晚上才会返回丽兹酒店。根据长年的经验，楼上工作室的员工已经可以通过空气中的气味来判断香奈儿何时到来。有时候，香奈儿下午五点才出现在工作室里，这会让那些已经准备下班回家的助手们惊慌失措。作为香奈儿的员工，她们通常需要工作到很晚，也已经学会如何机械地应付香奈儿心血来潮的想法。"是的，小姐。非常好，小姐。"[16]

香奈儿工作时习惯在脖子上挂一条缎带，她的首席助手雷蒙德（Raymonde）夫人会把剪刀系在缎带的一头，并将别针、纽扣、缎带等工具放在香奈儿触手可及的范围内，以便她随时使用。一如既往，香奈儿还是会把裙子直接套在模特身上，抚平面料，检查裙子的剪裁是否合身，甚至直接用挂在脖子上的剪刀修改裙子。香奈儿晚年的经典形象是嘴里含着一支香烟（像假的道具一样），手里拿着布料，一脸专注地检查面料的每一处细节并感受它的质感。她告诉马赛尔·海德里希："我不知道如何缝制衣服，但我确实知道应该在哪里插入别针。我小心地保养着自己的手指，尤其是手指的内侧。我在工作时，不需要其他多余的工具，因为我拥有高超的技术，仅凭双手就可以呈现出我想要的设计。"[17]

晚上八点，结束一天工作后的香奈儿返回丽兹酒店吃晚餐。通常她会坐在餐厅靠近酒店大堂入口处的老位置上，这样一来，不仅别人可以看到她，她也可以观察那些进出酒店的人。香奈儿非常瘦，通过轻食，她几乎一生都维持着同样的体重。她说："除去头部，我看上去依然只有 13 岁。"其实，直到香奈儿去世，她的年龄仍然是一个谜。1959 年，一名年轻的美国记者在壁炉旁对香奈儿进行简短采访时，不小心唐突地提及关于她年龄的问题。香奈儿非常不悦，她毫不客气地回应道："我的年龄根据我身处的时代及我身边的人

左侧为条形封边和大口袋的羊毛大衣（制作于1964年），右侧为海军蓝条形封边的奶油色羊毛套装搭配海军蓝衬衣（制作于1962年），两套造型体现了20世纪60年代香奈儿的一贯风格

而异。当我觉得无聊时，我会觉得自己正在老去。比如，我现在就认为你非常无聊，所以五分钟内我将变成 1000 岁……"[18]

1968 年，香奈儿的时装发布会吸引了一批明星出席，其中就包括劳伦·白考尔，她在"赌香奈儿是否会谦虚（地接受新兴的时尚品位）"。本次发布的系列中虽然有及膝的苏格兰粗花呢裙，但并未引起轰动。面对香奈儿在 20 世纪 60 年代创造的一系列如博物馆典藏般的作品，《纽约时报》的格洛里亚·爱默生（Gloria Emerson）批评道："在如今这个对迷你短裙和短裤狂热的时代，香奈儿超过膝盖的长裙就像是一个笑话。她的套装和大衣上宽松的长线条看上去十分累赘，而且这些衣服也没有足够的弹性。"[19]

香奈儿一直不愿意自己的私生活被曝光或被别人过度解读，但是，1958 年，当她与制作人弗雷德里克·布里松（Frederick Brisson）在巴黎首次会面后，她竟然同意了由安德烈·普列文（André Previn）和艾伦·杰伊·勒纳（Alan Jay Lerner）一起制作一部关于她的音乐喜剧。这部音乐剧耗时近十年才完成。最初讨论这个方案时，香奈儿脑海中立刻浮现出了比顿的电影《窈窕淑女》（My Fair Lady），她想象着由奥黛丽·赫本扮演的自己出现在美好年代的多维尔和珑骧赛马场中，周围都是穿着丁香紫和奶油色礼服的人。不过，最终这个角色被交给了凯瑟琳·赫本，因为片方认为她可以更好地诠释香奈儿气质的精髓。在 20 世纪 30 年代，凯瑟琳和香奈儿一样都会大胆地穿着裤子外出，也都有桀骜不驯的处世态度，到了 20 世纪 60 年代，她们又都被视作"伟大的女神"。

1965 年 4 月，塞西尔·比顿到访康朋街，开始为音乐剧《可可》做准备。据他回忆："这座充满镜子的宫殿现在人满为患。楼上的公寓中放满了各种镀金和水晶装饰品，在阳光的照射下流光溢彩……香奈儿身穿点缀着深红色和海军蓝的米灰色衣服，她看上去似乎更瘦了，但却散发出非凡的少女气息。她正偏着头与员工交谈。"

中午，香奈儿邀请比顿去丽兹酒店共进午餐，比顿发现"她的眼睛就像紫罗兰一样迷人，还有浓密的黑色睫毛，她的皮肤非

1969年，凯瑟琳·赫本在百老汇音乐剧《可可》中的剧照

常白净，虽然手像农民一样粗糙，但周身却散发出令人愉悦的芬芳。席间，她一直摆弄着一副手套，我注意到她全身只有这双手变老了"[20]。

尽管香奈儿对把自己的生活搬上舞台这件事持保留态度，但她仍然非常期待这部音乐剧在纽约的首演，她甚至为出席这场首演式特意设计了一套精美的白色亮片礼服。此外，为了庆祝和纪念音乐剧《可可》，香奈儿还计划推出一款新香水，这是在一份 20 年前的香水配方的基础上重新调制的。然而，就在她准备出发去纽约的前一周，香奈儿的右臂突然神经受损无法动弹。最终，她没能出席音乐剧的首演式，而是留在巴黎继续为新一季的发布会努力工作。

随着音乐剧在百老汇大获成功，香奈儿的名声越发显赫，她的 1970 年春夏时装秀也因此吸引了更多人的目光。正如格洛里亚·爱默生所说，香奈儿"大步走进了当今时尚界。可能这位年迈的女装设计师还不知道自己曾经离开了时尚界。毕竟，对她而言，时尚界只有一个香奈儿"。

在这次发布会上，香奈儿还是拒绝将裙子的下摆加长或改短，她固执地将它保持在刚好遮住膝盖的地方。20 世纪 70 年代，人们开始对迷你短裙和嬉皮士时代的超长裙产生厌倦，重新接受了香奈儿裙子的长度，认为及膝裙确实恰到好处。爱默生写道："1970 年 1 月，在那些喜欢超长裙、不是香奈儿粉丝的年轻人中，开始流行起一件香奈儿的衣服——饰有海军蓝圆点的白色丝绸百褶裙。就在去年，那种彼得·潘式、有海军蓝小领结的领口看起来可能还有些过时，但是如今一点也不过时，时尚风格正变得越来越甜美。"[21]

在 1970 年的发布会上，香奈儿的模特或穿着红色、白色和米色的方格花呢大衣，或穿着有口袋、圆领和金色纽扣的外套，配上经典的双色（米色和黑色）露跟鞋及珍珠耳环，头发用一只大蝴蝶结绑在耳后。[22]

奥尔巴赫百货公司是第一家销售香奈儿服装的商店，该店的西德尼·吉特勒（Sydney Gittler）和艾琳·萨茨（Irene Satz）认为香奈儿这一季的设计"完美符合当下的流行趋势"。[23]1970 年年底，香奈儿服装在巴黎的销售额同比增长了 30%，玛琳·黛德丽和凯瑟琳·德纳芙等知名演员都是香奈儿的忠实粉丝。人们对香奈儿的追捧似乎达到了一个新的高度，哪怕是一件简单的及踝黑色欧根纱连衣裙，只要香奈儿穿上就能立刻掀起一股跟风的浪潮。对此，海德里希称："两年前，这样的连衣裙看起来就像是亚拉巴马州生产的旧款，但现在它却成了巴黎最畅销的款式。"同年 7 月，香奈儿推出的秋冬服装系列也受到了很高的赞誉。[24]

香奈儿喜欢在沙龙的镜面楼梯上观察时装发布会的效果

　　晚年的香奈儿继续在康朋街辛勤地工作。因为身体状况不佳，每次走镜面楼梯时，她都需要在特定的一级阶梯上停下休息片刻。"那级阶梯已经广为人知。"店长雷蒙德夫人说道。香奈儿经常被人发现身上有新的瘀伤，此外，她还饱受关节僵硬、关节炎、骨头断裂和酸痛的困扰。香奈儿抱怨道："我又从床上摔下来了，为防止（睡觉的时候）摔下来，我已经把桌子移到床边紧挨着床了，但这样也无济于事。我应该直接把床垫放在地上，这样我至少不会再从高处摔下来了。"[25]

　　除了这些身体上的损伤，香奈儿有时还会梦游。小时候，在她只有六岁时，父亲会把梦游中的她抱回床上睡觉，可是，现在她只能孤零零地在丽兹酒店的走廊中醒来。1957 年，74 岁的香奈儿告诉《纽约客》杂志的记者说："我的身体已经衰老，但我的心态还很年轻。

如果有一天，我感到自己的心态也变老了，我就会躺在床上睡觉，直到去往天堂。"

1971年1月10日，周日，此时距离香奈儿最新一季的发布会只有短短几周了。当天，香奈儿和克劳德·迪雷在丽兹酒店共进午餐，然后驱车迎着冷峻的冬日阳光，沿着香榭丽舍大街兜风。傍晚时分，两人返回丽兹酒店并一起吃了晚餐。饭后，香奈儿在酒店门口与克劳德告别后就直接返回了自己的房间。刚回到屋里，香奈儿就觉得呼吸困难，她立刻叫来女仆珍妮让她打开窗户，希望能借此缓解自己窒息的感觉。珍妮扶着香奈儿走到床边，让她躺在床上休息。这时，香奈儿艰难地说出了人生中的最后几个字："所以，这就是一个人即将死去的感觉。"最后，珍妮细心地为她穿上了白色的西装和衬衣，还盖上了白色的床单。

香奈儿记忆中的童年故事大多发生在冬天，故事里有雪，还有熊熊燃烧的火焰。她讲述的故事中从来没有春天和夏天，也没有万物复苏和暴风雨将至的情节。所以，也许她注定会在1月离开人世。香奈儿的葬礼在马德莱娜教堂举行，当天有成百上千的巴黎人民自发地前来与她告别。教堂里，坐在最前排的是她的六位御用模特，她们统一穿着香奈儿代表性的粗花呢套装。模特们献给香奈儿的花圈是用白色山茶花拼成的一把剪刀，上面写着"送给小姐，来自她的模特们"。制作人弗雷德里克·布里松也献上了一个由山茶花和兰花组成的白色花圈。在教堂的中心，香奈儿的棺椁上铺满了白色的花朵，并放着一束鲜红的玫瑰。[26]根据香奈儿生前的要求，她的遗体被带回瑞士并安葬在洛桑的博瓦德沃公墓里，她的大理石墓碑上刻着五头狮子、一个简单的十字架和她的名字。

在香奈儿去世后，时尚编辑艾莉森·阿德伯格汉姆（Alison

Adburgham）在《卫报》（*The Guardian*）上撰文感叹道："非常遗憾，香奈儿在距离巴黎春季时装发布会开幕仅剩两周的时候去世了。87 岁高龄的香奈儿本将第三次成为时尚的中心，在时尚史中书写下一个令人铭记的时刻……1971 年，人们已经可以预见到第三次香奈儿时代的来临，这是时尚界在经历极端审美后再度回归正常的结果。"[27]

1971 年 1 月 25 日，香奈儿的春季时装发布会按原计划举行，这是香奈儿小姐缺席的第一场香奈儿时装秀。法国总统乔治·蓬皮杜（Georges Pompidou）的妻子克劳德（Claude）穿着黑色的香奈儿套装安静地坐在观众席上。[28] 多年来，克劳德一直都是香奈儿的忠实顾客和仰慕者。蓬皮杜总统夫妇甚至曾邀请香奈儿到爱丽舍宫总统府一起吃晚餐，这让香奈儿十分激动，她说："在我那个年代，没人会邀请自己的裁缝共进晚餐。"

当第一位模特穿着一套浅色粗花呢套装出现在楼梯上时，躁动的观众立刻安静了下来。随后，更多的模特穿着粗花呢外套、白色晚礼服等从观众面前走过。为表达对香奈儿的哀思，模特们都把头发盘成了一个发髻，然后在上面绑了一个黑色蝴蝶结。时装发布会结束后，观众的掌声经久不息，他们眼角的余光都不约而同地瞥向楼梯，似乎希望香奈儿可以奇迹般地再次出现在观众面前。

终其一生，香奈儿都在为摆脱童年时在奥巴辛修道院中遭受的束缚和贫穷努力奋斗，她始终向往着自由。当社会大环境开始允许女性更加独立自主时，她通过设计衣服来支持女性获得参与体育项目、开车、骑自行车和工作的自由。可以说，香奈儿的经历和生活方式造就了她独立的人格，她也凭借自己的努力收获了名望、爱情和成功。

香奈儿去世后举办的第一场香奈儿时装秀，虽然斯人已矣，但香奈儿的精神在其设计中得以延续，摄于1971年1月

注释

————

第一章：来自乡村的女孩

1. 克劳德·迪蕾（又名克劳德·拜伦）：《香奈儿的一生》，芭芭拉·贝（Barbara Bay）译，柯林斯出版社，1973，第167页。

2. 塞文山脉洛泽尔峰，热诺拉克旅游局办公室。

3. 伊莎贝尔·费米耶（Isabelle Fiemeyer）、嘉柏丽尔·帕拉塞-拉布鲁尼（Gabrielle Palasse-Labrunie）：《你所不知道的香奈儿》（*Intimate Chanel*），弗拉马利翁出版社，2011，第18页。

4. 马赛尔·海德里希：《可可·香奈儿：她的生活，她的秘密》（*Coco Chanel: Her Life, Her Secrets*），利特尔和布朗出版社，1972，第20页。

5. 埃德蒙·查尔斯-鲁克斯（Edmonde Charles-Roux）：《香奈儿和她的世界》（*Chanel and her World*），魏登菲尔德和尼科尔森出版社，1979，第26页。

6. 保罗·莫朗：《香奈儿的态度》，普希金典藏出版社，2013。

7. 保罗·莫朗：《香奈儿的态度》。

8. 阿克塞尔·马德森（Axel Madsen）：《可可·香奈儿传记》（*Coco Chanel: A Biography*），布鲁姆斯伯里出版社，1990，第11页。

9. 马赛尔·海德里希：《可可·香奈儿：她的生活，她的秘密》，第25页。

10. 保罗·莫朗：《香奈儿的态度》。

11. 巴里埃（Barriére）、伯纳黛特（Bernadette）：《奥巴辛：欧巴津-克罗斯山脉，双重修道院》（*Aubazine: Obazine-Croyeux, a double monastery*），哈尔珀乌协会，2009。

12. 阿克塞尔·马德森：《可可·香奈儿传记》，第14页。

13. 马赛尔·海德里希：《可可·香奈儿：她的生活，她的秘密》，第30页。

14. 巴里埃、伯纳黛特：《奥巴辛：欧巴津-克罗斯山脉，双重修道院》。

15. 巴里埃、伯纳黛特：《奥巴辛：欧巴津-克罗斯山脉，双重修道院》。

16. 马赛尔·海德里希：《可可·香奈儿：她的生活，她的秘密》，第29页。

17. 保罗·莫朗：《香奈儿的态度》。

18. 保罗·莫朗：《香奈儿的态度》。

19. 埃德蒙·查尔斯-鲁克斯：《香奈儿和她的世界》，第30页。

20. 丽莎·钱尼（Lisa Chaney）：《可可·香奈儿的私密生活》（*Chanel: An Intimate Life*），企鹅出版社，2011。

21. 阿克塞尔·马德森：《可可·香奈儿传记》，第23页。

22. 马赛尔·海德里希：《可可·香奈儿：她的生活，她的秘密》，第49页。

23. https://www.detoursenfrance.fr/patrimoine/personnages-celebres/moulins-sur-les-pas-de-coco-chanel-3296。

24. 马赛尔·海德里希：《可可·香奈儿：她的生活，她的秘密》，第57页。

25. 马赛尔·海德里希：《可可·香奈儿：她的生活，她的秘密》，第51页。

26. 马赛尔·海德里希：《可可·香奈儿：她的生活，她的秘密》，第22页。

27. 保罗·莫朗：《香奈儿的态度》。

28. 埃德蒙·查尔斯-鲁克斯：《香奈儿和她的世界》，第45页。

29. 丽莎·钱尼：《可可·香奈儿的私密生活》。

30. 马赛尔·海德里希：《可可·香奈儿：她的生活，她的秘密》，第61页。

31. 阿克塞尔·马德森：《可可·香奈儿传记》，第40页。

32. 马赛尔·海德里希：《可可·香奈儿：她的生活，她的秘密》，第64页。

33. 保罗·莫朗：《香奈儿的态度》。

34. 马赛尔·海德里希：《可可·香奈儿：她的生活，她的秘密》，第69页。

35. 克劳德·迪蕾：《香奈儿的一生》，第23页。

36. 保罗·莫朗：《香奈儿的态度》。

第二章：穷人派头

1. http://www.chanel-muggeridge.com/unpublished-interview/。

2. 保罗·莫朗：《香奈儿的态度》。

3. 马赛尔·海德里希：《可可·香奈儿：她的生活，她的秘密》，第72页。

4. 保罗·莫朗：《香奈儿的态度》。

5. 克劳德·迪蕾：《香奈儿的一生》，第180页。

6. 马赛尔·海德里希：《可可·香奈儿：她的生活，她的秘密》，第64页。

7. 克劳德·迪蕾：《香奈儿的一生》，第20页。

8. 布朗雯·柯斯葛列夫（Bronwyn Cosgrave）：《可可·香奈儿的时尚》（Vogue on Coco Chanel），夸德里尔出版社，第18页。

9. 露西恩·罗杰小姐（Mlle Lucienne Roger）：《贝勒曼斯小姐的婚姻》（le Mariage de Mlle Beulemans），《时尚画报》1910年9月15日。

10. 《剧院中的当今时尚》（La Mode actuelle au Theatre），《时尚画报》1910年10月1日。

11. 阿克塞尔·马德森：《可可·香奈儿传记》，第58页。

12. 埃德蒙·查尔斯-鲁克斯：《香奈儿和她的世界》，第72页。

13. 阿克塞尔·马德森：《可可·香奈儿传记》，第56页。

14. 克劳德·迪蕾：《香奈儿的一生》。

15. 克劳德·迪蕾：《香奈儿的一生》。

16. 保罗·莫朗：《香奈儿的态度》。

17. 保罗·莫朗：《香奈儿的态度》。

18. 马赛尔·海德里希：《可可·香奈儿：她的生活，她的秘密》，第75页。

19. 贾斯汀·皮卡迪（Justine Picardie）：《香奈儿：传奇与人生》（Coco Chanel: The Legend and the Life），哈珀·柯林斯出版社，2010。

20. 阿克塞尔·马德森：《可可·香奈儿传记》，第53页。

21. 阿克塞尔·马德森：《可可·香奈儿传记》，第61页。

22. 《多维尔时尚人士的穿搭》，《纽约时报》1913年9月21日。

23. 《多维尔时尚人士的穿搭》，《纽约时报》1913年9月21日。

24. 《多维尔时尚人士的穿搭》，《纽约时报》1913年9月21日。

25. 阿克塞尔·马德森：《可可·香奈儿传记》，第59页。

26. 《女装日报》1915年7月。

27. 阿克塞尔·马德森：《可可·香奈儿传记》，第66页。

28. 保罗·莫朗：《香奈儿的态度》。

29. 阿克塞尔·马德森：《可可·香奈儿传记》，第76页。

30. 英国版《时尚》1917年9月。

31. 保罗·莫朗：《香奈儿的态度》。

32. 马赛尔·海德里希：《可可·香奈儿：她的生活，她的秘密》，第96页。

33. 丽莎·钱尼：《可可·香奈儿的私密生活》。

34. 埃德蒙·查尔斯-鲁克斯：《香奈儿和她的世界》，第99页。

35. 英国版《时尚》1916年7月1日。

36. 英国版《时尚》1916年9月15日。

37. 保罗·莫朗：《香奈儿的态度》。

38. 阿克塞尔·马德森：《可可·香奈儿传记》，第80页。

39. 埃米·代·拉·海耶（Amy de la Haye）：《香奈儿：时装与工业》（*Chanel:Couture and Industry*），维多利亚和阿尔伯特博物馆出版社，2011，第31页。

40. 保罗·莫朗：《香奈儿的态度》。

41. 英国版《时尚》1919年8月初。

42. 马赛尔·海德里希：《可可·香奈儿：她的生活，她的秘密》，第175页。

43. 英国版《时尚》1919年8月初。

44. 约翰·朱利叶斯·诺维奇（John Julius Norwich）：《达夫·库珀的日记1915～1951年》（*The Duff Cooper Diaries，1915-1951*），魏登菲尔德和尼科尔森出版社，2014。

45. 《开车的英国人在法国遇害》，《泰晤士报》1919年12月24日。

46. 丽莎·钱尼：《可可·香奈儿的私密生活》。

47. 保罗·莫朗：《香奈儿的态度》。

第三章：自由新潮的巴黎

1. 保罗·莫朗：《香奈儿的态度》。

2. 保罗·莫朗：《香奈儿的态度》。

3. 保罗·莫朗：《香奈儿的态度》。

4. 马赛尔·海德里希：《可可·香奈儿：她的生活，她的秘密》，第101页。

5. 保罗·莫朗：《香奈儿的态度》。

6. 保罗·莫朗：《香奈儿的态度》。

7. 保罗·莫朗：《香奈儿的态度》。

8. 克劳德·迪蕾：《香奈儿的一生》，第49页。

9. 贾斯汀·皮卡迪：《香奈儿：传奇与人生》。

10. 阿克塞尔·马德森：《可可·香奈儿传记》，第92页。

11. 丽莎·钱尼：《可可·香奈儿的私密生活》。

12. 埃德蒙·查尔斯-鲁克斯：《香奈儿和她的世界》，第170页。

13. 罗伯特·卡夫（Robert Craft）：《斯特拉文斯基：精选书信》（*Stravinsky: Selected correspondence*），费伯与费伯有限公司，1982。

14. 贾斯汀·皮卡迪：《香奈儿：传奇与人生》。

15. 贾斯汀·皮卡迪：《香奈儿：传奇与人生》。

16. 埃米·代·拉·海耶：《香奈儿：时装与工业》，第51页。

17. 丽莎·钱尼：《可可·香奈儿的私密生活》。

18. 罗伯特·卡夫：《斯特拉文斯基：精选书信》。

19. 保罗·莫朗：《香奈儿的态度》。

20. 英国版《时尚》1922年3月。

21. 保罗·莫朗：《香奈儿的态度》。

22. 梅·伯克海德（May Birkhead）：《香奈儿的娱乐盛宴》，《纽约时报》1931年7月5日。

23. 保罗·莫朗：《香奈儿的态度》。

24. 克劳德·迪蕾：《香奈儿的一生》，第49页。

25. 保罗·莫朗：《香奈儿的态度》。

26. 阿克塞尔·马德森：《可可·香奈儿传记》，第128页。

27. 丽莎·钱尼：《可可·香奈儿的私密生活》。

28. 《巴黎时尚中占主导地位的宽裙》，《纽约时报》1924年8月4日。

29. 美国版《时尚》1926年10月。

30. 保罗·莫朗：《香奈儿的态度》。

31. 马赛尔·海德里希：《可可·香奈儿：她的生活，她的秘密》，第119页。

32. 丽莎·钱尼：《可可·香奈儿的私密生活》。

33. 马赛尔·海德里希：《可可·香奈儿：她的生活，她的秘密》，第118页。

第四章：康朋街

1. 埃米·代·拉·海耶：《香奈儿：时装与工业》，第38页。

2. 马赛尔·海德里希：《可可·香奈儿：她的生活，她的秘密》。

3. 珍娜·福兰纳：《康朋街31号》，《纽约客》1931年3月14日。

4. 贝蒂娜·巴拉德：《我的时尚》（*In My Fashion*），维多利亚和阿尔伯特博物馆出版社，2017。

5. 贝蒂娜·巴拉德：《我的时尚》。

6. 马赛尔·海德里希：《可可·香奈儿：她的生活，她的秘密》，第183页。

第五章：成功的气息

1. 贾斯汀·皮卡迪：《香奈儿：传奇与人生》。

2. 丽莎·钱尼：《可可·香奈儿的私密生活》。

3. 恩尼斯·鲍：《关于一位调香师的回忆》，《香料工业》（*Industrie de la Parfumerie*），boisdejasmin.com。

4. 劳伦·柯林斯（Lauren Collins）：《收获芳香》，《纽约客》2018年3月19日。

5. 丽莎·钱尼：《可可·香奈儿的私密生活》。

6. 米西亚·塞尔特：《两三个缪斯女神》（*Two or Three Muses*），博物馆出版社，1953。

7. 丽莎·钱尼：《可可·香奈儿的私密生活》。

8. 马赛尔·海德里希：《可可·香奈儿：她的生活，她的秘密》，第16页。

9. 贝蒂娜·巴拉德：《我的时尚》。

第六章：英伦风尚

1. 埃米·代·拉·海耶：《香奈儿：时装与工业》，第19页。

2. 阿克塞尔·马德森：《可可·香奈儿传记》，第145页。

3. 保罗·莫朗：《香奈儿的态度》。

4. 丘吉尔夫妇（温斯顿·丘吉尔和克莱门汀·丘吉尔）：《为自己发声：温斯顿·丘吉尔的私人信件》（*Speaking for Themselves: The Personal Letters of Winston Churchill*），黑天鹅出版社，1999。

5. 马赛尔·海德里希：《可可·香奈儿：她的生活，她的秘密》，第125页。

6. 克劳德·迪蕾：《香奈儿的一生》，第44页。

7. 保罗·莫朗：《香奈儿的态度》。

8. 阿克塞尔·马德森：《可可·香奈儿传记》，第154页。

9. 克劳德·迪蕾：《香奈儿的一生》，第46页。

10.《可可·香奈儿朗德省的夏天》（*The Summer of the Landes Coco Chanel*），《法国西南报》（*Sudouest.fr*）2010年7月20日。

11. 丘吉尔夫妇：《为自己发声：温斯顿·丘吉尔的私人信件》。

12. 保罗·莫朗：《香奈儿的态度》。

13. 保罗·莫朗：《香奈儿的态度》。

14. 保罗·莫朗：《香奈儿的态度》。

15. 阿克塞尔·马德森：《可可·香奈儿传记》，第126页。

16. 阿克塞尔·马德森：《可可·香奈儿传记》，第126页。

17. 丘吉尔夫妇：《为自己发声：温斯顿·丘吉尔的私人信件》。

18. 克劳德·迪蕾：《香奈儿的一生》，第44页。

19. 伊恩·克拉姆（Iain Cram）在罗斯霍尔的采访。

20. 伊恩·克拉姆的采访。

21. 丘吉尔夫妇：《为自己发声：温斯顿·丘吉尔的私人信件》。

22. 帕特里夏·M.希钦（Patricia M. Hitchon）：《香奈儿和粗花呢制造者：织梦者》（*Chanel and the Tweedmaker: Weaver of Dreams*），P3出版社，2012。

23. 保罗·莫朗：《香奈儿的态度》。

24. 帕特里夏·M.希钦：《香奈儿和粗花呢制造者：织梦者》。

25.《香奈儿在伦敦的新店开业了》，英国版《时尚》1927年6月。

26.《公爵的客人：香奈儿小姐》，《纽约时报》1928年11月18日。

27. 马赛尔·海德里希：《可可·香奈儿：她的生活，她的秘密》，第130页。

28. 阿克塞尔·马德森：《可可·香奈儿传记》，第183页。

29. 保罗·莫朗：《香奈儿的态度》。

30. 贾斯汀·皮卡迪：《香奈儿：传奇与人生》。

第七章：里维埃拉风情

1. 贝蒂娜·巴拉德：《我的时尚》。

2. 弗朗西斯·斯科特·菲茨杰拉德：《夜色温柔》，斯克莱柏纳出版社，2003，第327页。

3. 保罗·莫朗：《香奈儿的态度》。

4. 阿克塞尔·马德森：《可可·香奈儿传记》，第170页。

5. 阿克塞尔·马德森：《可可·香奈儿传记》，第171页。

6. 布朗雯·柯斯葛列夫：《可可·香奈儿的时尚》，第109页。

7. 梅·伯克海德：《17号-蒙特卡洛的最爱》，《纽约时报》1926年2月26日。

8. 奥利维尔·梅斯莱（Oliver Meslay）、玛莎·麦克劳德（Martha Ma-cLeod）：《从香奈儿到里夫斯：达拉斯美术馆中关于拉帕萨别墅及其藏品的收藏》（*From Chanel to Reves: La Pausa and Its Collections at the Dallas Museum of Art*），达拉斯美术馆，第8页。

9. 克劳德·迪蕾：《香奈儿的一生》，第111页。

10. 《现代简约》，法国版《时尚》1930年5月。

11. 贝蒂娜·巴拉德：《我的时尚》。

12. 乔迪·希尔兹（Jody Shields）：《洁净女王》，《纽约时报》1992年10月11日。

13. 保罗·莫朗：《香奈儿的态度》。

14. 《巴黎正式睡衣采用量身定制的长裤》，《纽约时报》1931年7月5日。

15. 奥利维尔·梅斯莱、玛莎·麦克劳德：《从香奈儿到里夫斯：达拉斯美术馆中关于拉帕萨别墅及其藏品的收藏》，第16页。

16. 维维安·拉塞尔（Vivian Russell）：《里维埃拉花园》（*Gardens of the Riviera*），兰登书屋，1994。

17. 阿克塞尔·马德森：《可可·香奈儿传记》，第170页。

18. 贝蒂娜·巴拉德：《我的时尚》。

19. 贝蒂娜·巴拉德：《我的时尚》。

20. 贝蒂娜·巴拉德：《我的时尚》。

21. 贝蒂娜·巴拉德：《我的时尚》。

22. 克劳德·迪蕾：《香奈儿的一生》，第112页。

23. 丽莎·钱尼：《可可·香奈儿的私密生活》。

24. 奥利维尔·梅斯莱、玛莎·麦克劳德：《从香奈儿到里夫斯：达拉斯美术馆中关于拉帕萨别墅及其藏品的收藏》，第23页。

25. 奥利维尔·梅斯莱、玛莎·麦克劳德：《从香奈儿到里夫斯：达拉斯美术馆中关于拉帕萨别墅及其藏品的收藏》，第7页。

第八章：20世纪30年代的香奈儿

1. 洛利亚·玛丽·格罗夫纳（Loelia Mary Grosvenor）：《恩典与恩宠：威斯敏斯特公爵夫人洛利亚的回忆录》（*Grace and Favour: The Memoirs*

of Loelia Duchess of Westminster），莱斯特出版社，1967。

2. 阿克塞尔·马德森：《可可·香奈儿传记》，第172页。

3. 费米耶和帕拉塞 – 拉布鲁尼：《你所不知道的香奈儿》，第93页。

4. 黛安娜·弗里兰，DV，古董书出版社，1985。

5. 法国版《时尚》1930年2月。

6.《年轻女孩的梦》，法国版《时尚》1930年6月。

7. http://inside.chanel.com/en/timeline/1932_bijoux-de-diamants。

8. 葛洛丽亚·斯旺森：《斯旺森眼中的斯旺森》（*Swanson on Swanson*），
   兰登书屋出版社，1981 。

9. 珍娜·福兰纳：《康朋街31号》，《纽约时报》1931年3月14日。

10. 贝蒂娜·巴拉德：《我的时尚》。

11. 保罗·莫朗：《香奈儿的态度》。

12.《勒梅斯尼吉洛姆》，法国版《时尚》1930年9月。

13.《勒梅斯尼吉洛姆》，法国版《时尚》1930年9月。

14.《香奈儿的礼服》，法国版《时尚》1931年2月。

15. 保罗·莫朗：《香奈儿的态度》。

16. 保罗·莫朗：《香奈儿的态度》。

17. 保罗·莫朗：《香奈儿的态度》。

18. 艾尔莎·夏帕瑞丽：《惊世人生：艾尔莎·夏帕瑞丽自传》（*Shocking Life,
    The Autobiography of Elsa Schiaparelli*），V&A时尚视角出版社，2007。

19. 弗里兰，DV。

20. 阿克塞尔·马德森：《可可·香奈儿传记》，第160页。

21. 英国版《时尚》1938年7月。

22. 贝蒂娜·巴拉德：《我的时尚》。

23. 丽莎·钱尼：《可可·香奈儿的私密生活》。

24. 英国版《时尚》1939年9月。

第九章：丽兹酒店

1. 克劳德·迪蕾：《香奈儿的一生》，芭芭拉·贝译，柯林斯出版
   社，1973，第108页。

2. 蒂拉尔·J. 马佐（Tilar J. Mazzeo）：《旺多姆广场的酒店》（*The Hotel on Place Vendôme*），哈珀出版社，2014。

3. 蒂拉尔·马佐：《旺多姆广场的酒店》。

4. 阿克塞尔·马德森：《可可·香奈儿传记》，第199页。

5. 贝蒂娜·巴拉德：《我的时尚》。

6. 蒂拉尔·马佐：《旺多姆广场的酒店》。

7. 科尔·莱斯利（Cole Lesley）：《记得的笑声：诺埃尔·科沃德的一生》（*Remembered Laughter: The Life of Noël Coward*），克诺夫出版社，1976。

8. 贾斯汀·皮卡迪：《香奈儿：传奇与人生》。

9. 贾斯汀·皮卡迪：《香奈儿：传奇与人生》。

10. 蒂拉尔·马佐：《旺多姆广场的酒店》。

11. 哈尔·沃恩（Hal Vaughan）：《与敌人同眠：纳粹特工可可·香奈儿》（*Sleeping with the Enemy: Coco Chanel, Nazi Agent*），古董出版社，2011。

12. 贾斯汀·皮卡迪：《香奈儿：传奇与人生》。

13. 哈尔·沃恩：《与敌人同眠：纳粹特工可可·香奈儿》。

14. http://www.chanel-muggeridge.com/unpublished-interview/。

15. 克劳德·迪蕾：《香奈儿的一生》，第108页。

16. 亚历山大·弗瑞（Alexander Fury）：《巴黎精英社会中香奈儿的丽兹颂歌》，《纽约时报》2016年12月7日。

17. 费米耶和帕拉塞－拉布鲁尼：《你所不知道的香奈儿》，第163页。

18. 《巴黎笔记：送给香奈儿的别致圣诞树》，《纽约时报》1963年12月25日。

第十章：复出

1. 注册文件，洛桑档案馆。

2. 布朗雯·柯斯葛列夫：《可可·香奈儿的时尚》，第129页。

3. 莉莉安·罗斯（Lillian Ross）：《强者》，《纽约客》1957年9月28日。

4. 贾斯汀·皮卡迪：《香奈儿：传奇与人生》。

5. 罗萨蒙德·贝尼耶：《香奈儿的复出》，英国版《时尚》1954年2月。

6. 罗萨蒙德·贝尼耶：《香奈儿的复出》。

7. 丽莎·钱尼：《可可·香奈儿的私密生活》。

8. 马赛尔·海德里希：《可可·香奈儿：她的生活，她的秘密》，第169页。

9. 艾尔莎·加兰：《香奈儿的旧日重现》，《每日镜报》1954年2月6日。

10. 英国版《时尚》1954年3月。

11. 保罗·莫朗：《香奈儿的态度》。

12. 贝蒂娜·巴拉德：《我的时尚》。

13. 芭芭拉·米勒：《旧与新》，《德里周刊》（Derry Journal）1954年10月25日。

14. 克劳德·迪蕾：《香奈儿的一生》，第58页。

15. 克劳德·迪蕾：《香奈儿的一生》，第64页。

16. 罗萨蒙德·贝尼耶：《香奈儿的复出》，英国版《时尚》1954年2月。

17. 贾斯汀·皮卡迪：《香奈儿：传奇与人生》。

18. 莉莉安·罗斯：《强者》。

19. 莉莉安·罗斯：《强者》。

20. 马赛尔·海德里希：《可可·香奈儿：她的生活，她的秘密》，第206页。

21. 克劳德·迪蕾：《香奈儿的一生》，第15页。

22. 马赛尔·海德里希：《可可·香奈儿：她的生活，她的秘密》，第3页。

第十一章：暮年

1. 马赛尔·海德里希：《可可·香奈儿：她的生活，她的秘密》，第253页。

2. 马赛尔·海德里希：《可可·香奈儿：她的生活，她的秘密》，第245页。

3. 菲丽希缇·格林：《推出百万套服装的面孔》，《每日镜报》1962年8月16日。

4. 菲丽希缇·格林：《热辣妈妈》，《每日镜报》1963年7月30日。

5. http://fashionabecedaire.tumblr.com/post/16695026717/interview-translation-coco-chanel-on-fame。

6. http://fashionabecedaire.tumblr.com/post/16695026717/interview-translation-coco-chanel-on-fame。

7. 注册文件，洛桑档案馆。

8. 克劳德·迪蕾：《香奈儿的一生》，第112页。

9. 克劳德·迪蕾：《香奈儿的一生》，第112页。

10. 克劳德·迪蕾：《香奈儿的一生》，第112页。

11. 克劳德·迪蕾：《香奈儿的一生》，第114页。

12. 马赛尔·海德里希：《可可·香奈儿：她的生活，她的秘密》，第256页。

13. 安吉拉·泰勒（Angela Taylor）：《香奈儿的阴影：巴黎重塑》，《纽约时报》1976年9月11日。

14. 克劳德·迪蕾：《香奈儿的一生》，第161页。

15. 贾斯汀·皮卡迪：《香奈儿：传奇与人生》。

16. 马赛尔·海德里希：《可可·香奈儿：她的生活，她的秘密》，第245页。

17. 马赛尔·海德里希：《可可·香奈儿：她的生活，她的秘密》，第241页。

18. 马赛尔·海德里希：《可可·香奈儿：她的生活，她的秘密》，第215页。

19. 格洛里亚·爱默生：《时尚轮回，追上香奈儿的步伐》，《纽约时报》1970年1月30日。

20. 塞西尔·比顿：《20世纪60年代的比顿：塞西尔·比顿的亲笔日记，1965～1969年》（*Beaton in the Sixties: The Cecil Beaton Diaries as he Wrote Them, 1965-1969*），克诺夫出版社，2004。

21. 格洛里亚·爱默生：《时尚轮回，追上香奈儿的步伐》。

22. 格洛里亚·爱默生：《时尚轮回，追上香奈儿的步伐》。

23. 格洛里亚·爱默生：《时尚轮回，追上香奈儿的步伐》。

24. 格洛里亚·爱默生：《时尚轮回，追上香奈儿的步伐》。

25. 马赛尔·海德里希：《可可·香奈儿：她的生活，她的秘密》，第223页。

26. 贾斯汀·皮卡迪：《香奈儿：传奇与人生》。

27. 艾莉森·阿德伯格汉姆：《谁替代香奈儿》，《卫报》1971年1月12日。

28. 《缅怀可可》，《纽约时报》1971年1月27日。

原版书图片索引

1. The publishers would like to thank all those listed below for permission to reproduce the images. Every care has been taken to trace copyright holders. Any copyright holders we have been unable to reach are invited to contact the publishers so that a full acknowledgement may be given in subsequent editions.

2. The Advertising Archives: 87

3. akg-images/Schutze/ Rodemann: 113

4. Alamy 6 (Francois Roux); 16 (Herve Lenain); 31 (Historic Collection); 34 (Allstar Picture Library); 50 (Lordprice Collection); 88 right (Heritage Image Partnership Ltd/ Photograph by Fine Art Images); 99 (imageBROKER/ Photograph by Markus Keller); 104-5 (Andrew Ray); 125 (Granger Historical Picture Archive)

5. Bridgeman Art Museum: 32, 55, 98 (Tallandier); 68 (Indianapolis Museum of Art at Newfields/Jane Wacker Memorial Fund); 80, 117 (Granger); 88 left (Private Collection/ Archives Charmet); 107 right (Private Collection); 132 left (© George Hoyningen-Huene); 140, 153 (Bibliotheque des Arts Decoratifs/Archives Charmet); 144 (Lebrecht History); 149 above (© Julien Faure/Leextra via Leemage)

6. © Carla Coulson: 77

7. Collection Jean-Charles Varennes: 23

8. © Connaissance des Arts: 120 below

9. Dallas Museum of Art, The Wendy and Emery Reves Collection: 119, 120 above

10. Getty Images: Cover, 74, 84, 128, 142 right (Boris Lipnitzki); 2 (Cecil Beaton); 4, 83 (Douglas Kirkland); 10, 174-175 (Patrick Aventurier); 12 (Jarry/Tripelon); 18, 20 (LL); 28, 53, 58, 59 (Heritage Images); 40-41 (Jerome_Correia); 42, 43, 45 (Apic); 48, 161 (Carl Oscar August Erickson); 56 (Martial Colomb); 63, 86,

90, 97, 103, 112, (Hulton Archive); 67 left (George Hoyningen-Huene); 67 right, 68 above right, 68 below left, 131 (Edward Steichen); 68 below right (Chicago History Museum); 70 71 (Westend61); 72 (Unknown/Conde Nast Collection); 76 (Kammerman); 78-79, 154 (Robert Doisnau); 94-95 (Ullstein Bild Dtl); 102 (Robert Patterson); 107 left (George Sheeler); 114-115 (© Allard Schager); 122, 134 Time Life Pictures; 132 right (Albert Harlingue); 136, 143 left (Keystone France); 137 (Universal History Archive); 156 (Jacques Sierpinski); 158

(Jacques Boucher); 162 (Horst P Horst); 165, 167 (Henry Clarke); 168 left (Paul Schutzer); 168 right (Adoc-photos); 170 (Giancarlo Botti); 173 (Erling Mandelmann); 179 (Bettmann); 181 (Photo 12); 182 (Patrice Habans)

11. © The Metropolitan Museum of Art/Art Resource/Scala Archives, Florence: 15, 127 right, 178

12. © Patrick Monchicourt (morio60 / Flickr): 24

13. Images © National Museums Scotland: 138, 139

14. © Nicolas Anetson: 65

15. © Ohio State University Historic Costume & Textiles Collection: 127 left

16. Rex Features: 8, 27, 37, 146, 150 (Granger/ Shutterstock); 126 (Peter Seyfferth/imageBROKER/ Shutterstock); 149 below (Romuald Meigneux/Sipa/ Shutterstock); 157 (Shutterstock)

17. © Darren Robertson: 101

18. Photo Roger Schall © Collection Schall: 108, 116, 123

19. © Shutterstock: 36 (Elena Dijour); 177 (Catarina Belova)

20. © Caroline Young: 30, 167

21. © John Young: 13,14

可可·香奈儿：幸运的 5 号
KEKE XIANGNAIER: XINGYUN DE 5 HAO

出版统筹：冯　波
特约策划：徐　捷
责任编辑：陈曼榕
助理编辑：韦小琴
责任技编：伍先林
装帧设计：树实文化

著作权合同登记号桂图登字：20-2021-140 号

图书在版编目（CIP）数据

可可·香奈儿：幸运的 5 号 ／（英）卡罗琳·杨
(Caroline Young) 著；校逸译. --桂林：广西师范
大学出版社，2021.4（2021.12 重印）
（焦点艺术丛书）
书名原文：Living with Coco Chanel
ISBN 978-7-5598-3661-8

Ⅰ. ①可… Ⅱ. ①卡…②校… Ⅲ. ①夏内尔
(Chanel, Gabrielle 1883-1971)－传记 Ⅳ. ①K835.655.7

中国版本图书馆 CIP 数据核字（2021）第 047231 号

广西师范大学出版社出版发行

(广西桂林市五里店路 9 号　邮政编码：541004
网址：http://www.bbtpress.com)
出版人：黄轩庄
全国新华书店经销
广东省博罗县园洲勤达印务有限公司印刷
（广东省惠州市博罗县园州镇下南管理区勤达印务有限公司　邮政编码：516123）
开本：889 mm × 1 260 mm　1/32
印张：7.625　　字数：170 千
2021 年 4 月第 1 版　　2021 年 12 月第 3 次印刷
定价：78.00 元